JN435841

06 수학 교사를 위한 지침서
대한수학교육학회 번역시리즈

Developing Essential Understanding of
Number & Numeration
for Teaching Mathematics

수와 기수법의 필수 이해

박만구 · 김성옥 · 송상헌 옮김

idea

NCTM
NATIONAL COUNCIL OF TEACHERS OF MATHEMATICS

KYOWOO

Developing essential understanding of
number and numeration
for teaching mathematics in prekindergarten-grade 2
(ISBN 978-0873536295)

Copyright © 2010
by The National Council of Teachers of Mathematics, Inc.

All rights reserved.

This Korean edition was published by KyoWooSa Publishing Company in 2017 by arrangement with National Council of Teachers of Mathematics through KCC(Korea Copyright Center Inc.), Seoul.

이 책은 (주)한국저작권센터(KCC)를 통한 저작권자와의 독점계약으로
(주)교우에서 출간되었습니다.
저작권법에 의해 한국 내에서 보호를 받는 저작물이므로
무단전재와 복제를 금합니다.

역자 서문

수학을 왜 가르치고 배워야 하는가에 대한 답변은 시대의 변화에 따라 달라질 것이다. 세계는 지식기반정보화 사회, 즉, 3차 산업혁명 시대를 넘어 기계와 제품의 지능화와 사물인터넷으로 요약할 수 있는 4차 산업혁명 시대에 접어들었다. 이러한 변화 속에서 수학교육은 어떤 모습이어야 하는가에 대한 고민이 필요하다.

이 책은 NCTM의 「필수 이해 시리즈(Essential Understanding Series)」를 대한수학교육학회의 주관 하에 번역한 것 중 한 권으로, 위의 문제에 대한 직접적인 답을 주지는 못하지만 시의 적절하게 우리나라의 수학교육을 반성할 기회와 제언을 제공할 수 있을 것이다. 교육과정을 수학 수업으로 실행하는 주체이자 교수·학습 활동의 전문가인 교사의 역할에 대한 강조는 수학교육의 세계적인 추세이다. 교사 전문성을 개발하기 위한 여러 방면의 연구가 진행 중이다. 이런 연구들에서는 질 높은 수학적 이해는 수업 과제를 고르는 일이나, 문제들을 제기하고 소재를 선택하는 일, 시간의 흐름에 따라 주제들을 배치하는 일, 학생들의 활동의 질을 평가하는 일, 그리고 학생들이 사고하고 도전하도록 하는 방법을 생각해 내는 것과 같은 교사로서 해야 할 많은 선택들을 적절하게 할 수 있도록 안내해준다.

필수 이해 시리즈는 수학 수업의 주체인 교사가 학생들을 지도할 때 참고할 수 있는 특정 수학 주제에 대한 자료이다. 이 책은 필수 이해 시리즈 중 유아·유치원부터 초등학교 2학년 학생들의 수와 기수법에 대한 필수 이해를 다루고 있다. 수와 기수법은 유아·유치원에서부터 2학년을 효과적으로 지도하기 위해 교사가 확실하게 이해하고 융통성 있게 사용할 줄 알아야하는 개념들이다. 이 책은 교사들이 주제들을 관련 지어 수업을 계획하고 실행할 수 있도록 그들의 이해를 돕고 학생들의 수와 기수법에 대한 복잡한 학습의 전체적인 과정에 대한 평가를 할 수 있게 설계되어 있다. 유아·유치원부터 초등학교 2학년 학생들이 자연수를 이용하는 전략을 효과적으로 사용할 수 있으려면 수와 기수법에 대하여 이해를 해야 한다.

이 책의 수학적 내용은 교사들의 수와 기수법에 대한 필수적인 이해에 중점을 두었다. 특히, 1장에서는 이러한 수학적 분야에 관한 다섯 가지 핵심 아이디어들을 정리해 놓았다. 각각 핵심 아이디어들은 이 책에서 필수 이해라고 부르는 좀 더 작고 구체적인 수학적 개념들을 제시하고 있다. 그리고 유아·유치원부터 초등학교 2학년 학생들의 수와 기수법을 이해하는데 교사들이 알아야 하는 것을 제시한다. 수와 기수법을 이해하는 것은 아주 가치 있는 일이고, 수량이 얼마만큼 인지 또는 어느 것이 얼마나 더 많은지와 같은 일상적인 질문에 학생들이 수나 양을 사용하거나 양들을 비교하여 답하는 것을 돕는데 유용하다.

이 책에서 제시하는 핵심 아이디어나 필수 이해는 앞서 말한 접근 방식과 같은 맥락에 있다. 이 책은 수와 기수법에 대한 핵심 아이디어와 필수 이해를 다루기 위해 도입부에 이어 총 3개의 장으로 구성되어 있다. 1장은 수와 기수법에 관해 열거하고 확장하고 그것에 관한 핵심 아이디어들과 필수 이해들의 예를 제공하여 교사의 이해를 강화시킨다. 그리고 학생들이 수와 기수법에 대해 보다 적극적으로 학습할 수 있도록 돕고 자극시키는데 교수의 원리를 적용할 수 있도록 한다. 2장은 1장에서 나온 학생들이 일반적으로 학교 교육 전과 후에 만나게 되는 수학과 핵심 아이디어와 필수 이해를 연관시킬 수 있는 구체적인 방법을 논의하면서 수와 기수법에 대한 이해를 더해 갈 수 있도록 한다. 이 장은 학생들의 수와 기수법에 대한 학습의 시간적 흐름에 따른 종적 연관성을 강조한다. 3장에서는 학생들의 수와 기수법에 대한 이해에 따라서 어떻게 교사들에게 그들의 이해를 평가하는데 쓰일 적합한 과제, 기술, 그리고 도구들을 고르는데 도움을 주는지 보여준다.

역자들은 이 책의 내용을 가감 없이 그대로 전달하고자 하였다. 이 책에 담긴 필수 이해와 그것을 예시하는 다양한 사례를 통해 초등학생에게 수와 기수법을 의미 충실하게 지도하기 위한 교사 전문성이 구체화될 수 있기를 기대한다. 또한, 급격한 변화 속에서 학교 수학에서 다루어야 할 것이 무엇인가에 대한 고민에 도움이 되길 바란다. 이 책의 출판을 위해 노력해 주신 교우사 여러분께 깊은 감사의 뜻을 전한다.

2017. 1.
역자 일동

- 차례 -

서문 ··· ix

머리말 ··· xi

서론 ··· xvi

왜 수와 기수법인가? ··· xvi
수와 기수법 이해하기 ··· xvii
핵심 아이디어와 필수 이해 ··· xx
교수, 학습, 평가를 위한 유익한 점들 ··· xx
준비하기 ··· xxiii

제 1 장 수와 기수법 : 핵심 아이디어와 필수 이해 ··· 1

[핵심 아이디어 1] 수에 대한 개념 ··· 4
1) 양에 수치를 부여하지 않고 비교하기 ··· 4
2) 대상의 특정한 속성이나 비교할 만한 자료 선택하기 ·· 6
3) 양 사이의 등가 또는 비등가 관계 ··· 10
4) 보존성과 추이성 ··· 11
5) 등가성에 기반한 분해와 결합 ··· 13
[핵심 아이디어 2] 단위의 선택 ··· 16
1) 수의 사용 단위 ··· 16
2) 양을 재기 위한 단위의 반복 ··· 20
3) 부분-전체의 관계 ··· 24
[핵심 아이디어 3] 의미 있는 수 세기 ··· 26
1) 수를 세는 단어는 수 세기의 기초 ··· 27
2) 수 세기의 일대일대응의 포함 ··· 28
3) 수 세기의 기수와 서수의 포함 ··· 30
4) 수 세기 전략의 수의 순서의 위계적 포함 관계 ··· 31
[핵심 아이디어 4] 추상적 개념의 수 ··· 33
1) 패턴은 추상적 수 개념의 기초 ··· 33
2) 수열의 무한성 ··· 35
3) 수 기호는 추상적 사고 대상의 표현 ··· 36

[핵심 아이디어 5] 십진법의 위치적 기수 체계 ···· 37
1) 10개의 수로 표현하기 ···· 37
2) 10씩 묶는 십진기수법 체계 ···· 39
3) 수의 값과 숫자의 위치 ···· 42
4) 고유한 자릿값 ···· 43
결론 ···· 44

제 2 장 선수 학습과 후속 학습의 연계성 ···· 46
01 덧셈과 뺄셈 ···· 46
02 곱셈 ···· 49
03 유리수 ···· 50
04 초기 대수적 사고 ···· 54
05 결론 ···· 56

제 3 장 도전 : 학습, 교수, 평가 ···· 57
01 수 세기 능력 기르기 ···· 57
1) 통합된 활동으로서의 수 세기 ···· 58
2) 단위 사용하기 ···· 59
3) 수 세기 기능의 발달을 위한 도구의 사용 ···· 61
02 상징과 표현을 위한 기초로서의 수 ···· 62
1) 양이나 수를 나타내기 위해 십진블록이나 다른 교구들 사용하기 ···· 62
2) 수치를 수직선에 대응시키기 위해 선분을 사용하기 ···· 64
3) 분수로 표현된 양 ···· 65
03 개념적인 문제를 위한 기초로서의 수 이해 ···· 66
04 결론 ···· 67

참고문헌 ···· 68

서문

유아·유치원(prekindergarten)에서 12학년까지의 수학을 가르치기 위해서는 수학에 대한 특별한 이해가 필요합니다. 유능한 수학 교사들은 설명법을 찾고, 수학 안과 밖의 주제들 간의 내용을 접목시키면서 자신들이 가르쳐야 하는 내용 자체뿐만 아니라 그 이상을 생각합니다. 가르치는 주제에 대하여 학생들에게 어떤 수학이 중요한지 아는 교사들을 만날 때, 학생들은 교육과정과 학업 성취에 대한 기대치를 더 잘 충족할 수 있게 됩니다.

미국수학교사협의회(NCTM)가 출간한 「필수 이해 시리즈(Essential Understanding Series)」는 2006년에 출판된 「유아·유치원에서 8학년까지의 수학을 위한 교육과정 초점 사항: 일관성을 위한 요구(Curriculum Focal Points for Prekindergarten through Grade 8 Mathematics : A Quest for Coherence)」와 2009년에 발간한 「고등학교수학의 초점 : 추론과 이해(Focus in High School Mathematics: Reasoning and Sense Making)」의 정신에 따라 학교수학교육과정에 집중하였습니다. 「필수 이해 시리즈」는 학생들을 가르칠 때 도움이 될 수 있도록, 특정 수학 주제에 대하여 개인의 지식을 넓히고 질을 향상시키기 위해 수학적으로 사고하고 싶은 교사와 동료를 위한 자료입니다. 각 책의 주제는 학생들은 배우기 어렵고, 교사는 가르치기 힘들며, 학생들이 학습자로서의 성공과 그들의 미래의 삶과 진로에 매우 중요한 역할을 할 수 있는 수학적 영역을 다루고 있습니다.

교사로서, 연구자로서, 그리고 수학자로서의 자신들의 경험에 기반을 두고 저자들은 각 책의 주제에 중심이 되는 핵심 아이디어를 설명하고 있습니다. 필수 이해—주제의 본질을 포착하는 수학적 관점—가 모여서 각각의 핵심 아이디어를 이룹니다. 종합적으로, 핵심 아이디어와 필수 이해는 집중적이고 서로 연계된 유용한 수학적 관점을 교사들에게 제공합니다. 학생들이 학교수학에서 선수 학습이나 후속 학습으로 배우게 되는 주제를 교수 및 평가와 연결시켜 주는 것은 교사의 수학에 대한 필수 이해의 관련성과 중요성을 설명해 줍니다.

이 시리즈를 만들 수 있게 도와준 모든 사람들에게 이사회를 대신하여 진심으로 감사를 표합니다. 특별히 시리즈의 편집자로서 리더십을 발휘한 Rose Mary Zbiek에게 감사의 뜻을 전합니다. 필수 이해 프로젝트팀과 함께 이 책들을 접하는 여러분을 환영하며, 여러분들이 앞으로도 수학을 배우고 가르치는 것에 대하여 오랫동안 즐길 수 있기를 바랍니다.

Henry Kepner
회장, 2008-2010
미국수학교사협의회

머리말

유아·유치원부터 12학년까지, 수학과 교육과정은 학생들의 발달에 중심이 되는 중요한 주제들을 포함하고 있다. 이 주제들을 이해한 학생들은 새로운 수학 분야로 자연스럽게 넘어가며 자신감을 가지고 계속 발전해 가게 된다.

그러나 이 주제들 중 많은 부분은 전통적으로 배우거나 가르치기가 어려웠으며, 학생들의 발달을 점검하기 위한 문지기로서의 역할을 하기보다는 장애물 역할을 하는 것으로 증명되었다. 이러한 주제들에 대하여 기초를 단단히 다지지 못한 학생들은 수학이나 관련된 교과목에서 후속 학습을 할 때 대개 가속도를 내지 못하고 활동을 해 나가는 데 어려움을 겪는다.

필수 이해 시리즈는 모든 단계에서 이런 주제들을 분석했다. 학생들에게 이런 주제들을 가르치는 교사들은 학생들이 수학적 성취를 이루는 데 중요한 역할을 한다. 이 시리즈의 각 책은 여러분처럼 단지 유능함을 넘어서 교실에서 훌륭한 교사가 되고 싶은 사람들에게 학생들이 꾸준히 수학적으로 발달할 수 있도록 한 가지 또는 더 많은 주제들에 대하여 이해를 풍부히 할 수 있도록 돕는다.

얼마나 알아야 하는가?

이러한 어려운 주제들을 효과적으로 가르치기 위해서는 폭넓고 깊은 수학적 이해에 관심을 가져야 한다. 그런데 어려운 것은 학생들이 알고 배워야 할 것이라고 기대하는 것 이상으로 교사는 그 주제들에 대해 더 많이 알아야 한다는 것이다.

왜 그렇게 광범위한 지식이 필요한 것인가? 왜 가르쳐야 하는지에 대한 것과 학생들이 알아야하는 것 이상이 지식이어야 하는가? 이 질문에 대한 답은 많은 요소로 설명할 수 있다.

학생들에게 성공적인 학습경험이 되도록 계획하기 위해서는 다양한 모델들과 표현을 이해해야 하며, 어떠한 경우에는 교육과정을 평가하고 수업을 계획하면서 여러 기술들을 익혀야 할 때도 있다. 교사는 과제들을 선택하고 실행하면서 무엇을 강조해야하는지 알아야 하며 그것들이 수학적으로 왜 중요한지도 알아야한다.

교사는 수업하면서 학생들이 당혹해 할 것을 예상해야 하고, 학생들이 그러한 함정을 피해갈 수 있도록 도와줘야 하며, 오개념을 인지하고 바로 잡아야 한다. 또한, 예측하지 못한 수업 상황들을 활용하여 다양한 수학 주제들을 연계하여야 한다. 만약 평가에서 학생들이 수업에서 다룬 내용을 잘 이해하지 못한 것으로 나타난다면, 학생들이 이해하지 못한 부분을 어떻게 설명할 것인지 알아야 한다. 한 번에 알아듣지 못하는 학생들을 위해 다양한 방법으로 수학을 묘사하도록 다양한 방면에 대해 충분히 이해해야 한다. 또한, 전체 수학교육과정에 비추어 그 주제가 어디에 연계되는지 알아야 한다. 그리고 학생들의 생각이 어디에서부터 오며, 추후 학습에서는 학생들이 수학적으로 어디로 향해 나아갈지도 알아야 한다.

이러한 일들을 수학적으로 수행하는 것이 무리한 요구로 들릴 수도 있다. 그러나 교사가 폭넓게 수학적으로 이해해야 학생들을 잘 인도하고 학생들이 순조롭게 학습할 수 있도록 다양하게 지도할 수 있게 된다.

필수 이해 시리즈가 어떤 도움이 되는가?

필수 이해 시리즈는 여러분이 지도하는 내용에 대한 지식을 강화시키도록 수학에 대하여 철저히 점검할 수 있는 기회를 제공한다. 이 책들은 학생들에게 사용할 수 있는 자료를 직접적으로 제공하지도 않을 뿐더러, 학급 관리나 가르치는 방식, 또는 평가 기법들을 다루지도 않는다. 그 대신 이 책들은 수학적 내용에 관한 주제들, 즉 수업을 준비할 때 필요한 아이디어와 이해, 수업 지도, 학생들과의 일대일 상호작용, 그리고 평가에 대해 집중적으로 다룬다.

저자들이 주제에 어떻게 접근하고 있는가?

저자들은 각 주제에 대해 "핵심 아이디어(big ideas)"와 "필수 이해(essential understandings)"로 구분하고 있다. 핵심 아이디어는 하나의 수학적인 주제에 중심이 되고 비교적 작으면서 많은 수학석 아이디어들을 묶어 일관성 있게 하나로 연결하는 광범위한 개념의 중요한 수학적 진술이다. 이 책에서 각각의 핵심 아이디어들과 관련된 비교적 작고 구체적인 주제들을 필수 이해라고 부른다. 저자들은 핵심 아이디어들의 특징적인 측면들을 부각하고 이에 대한 풍부한 증거를 제공한다.

핵심 아이디어들은 수학에 있어 매우 큰 가치를 가지고 있다. 서로 관련된 필수 이해들을 꾸준히 연구함으로써 매우 압축된 진술문의 힘과 가치를 느낄 수 있을 것이다. 다수의 이런 작은 개념들을 완벽히 이해하고 이를 통해 핵심 아이디어들에 접근하는 것은 여러분의 지적 자산과 수업의 가능성들을 상당히 증대시켜 줄 것이다.

교사의 역할 중의 하나로 수학적 아이디어를 연구하면서, 여러분은 아마도 이런 필수 이해들이 학생들에게 어려운 주제들 중 하나를 제시하기 위하여 교사에게 필요한 이해의 핵심이라는 것을 알아차렸을 것이다. 이런 필수 이해라는 수학적 조각들이 모여 핵심 아이디어를 구성하기 때문에 이를 잘 아는 것이 매우 중요하다.

이 책들은 어떻게 구성되어 있는가?

필수 이해 시리즈의 모든 책들은 같은 구조를 가지고 있다.

- 서론에서는 개요와 특정 주제들을 선정한 이유들을 설명하며, 교사들과 학생들이 알아야 하는 것의 몇 가지 차이점들을 강조한다.
- 1장은 이 책의 핵심이며, 핵심 아이디어들과 그에 관련된 필수 이해들을 구분하여 검토하였다.

- 2장에서는 1장에서 다룬 개념들을 각 학년에서 나오는 수학적 개념들이나 학생들이 선수나 후속으로 수학을 공부할 때 마주칠 다른 수학적 개념들과의 관련성을 고려하여 살펴본다.
- 3장에서는 개념들을 다루면서 나온 주제들에 관련된 필수적인 개념들을 이해하는 데 겪는 학생들의 어려움들을 다루는 것으로 마무리 짓는다. 그리고 학생들의 사고 발달을 분석하고, 학생들의 이해도를 평가하며, 그들에게 주제들을 제시할 수 있게 안내한다.

1장에는 핵심 아이디어들과 필수 이해들을 논의하는 가운데 "생각해보기"라고 분류된 질문들을 군데군데 넣었다. 읽으면서 잠시 멈춰 이것들에 대해 스스로 생각해 보거나 동료들과 논의해보는 것이 중요하다. 자료들에 이러한 방식으로 접근하는 것은 이 책을 읽는 경험을 참여적이고 상호적이며 역동적이게 할 수 있을 것이다.

생각해보기 질문들은 같은 지역 교사들이나 온라인상에 연결된 같은 학군의 교사들, 그리고 나아가 시 전체의 교사들과의 대화의 주제가 될 수 있을 것이다. 그러므로 이 생각해보기 질문들과 관련해서는 교사들이나 예비교사들이 개인이나 집단으로 대학 수업 혹은 그 이후에 공식적 또는 비공식적 경험을 위한 도구로써 이 책을 사용하는 경우가 더 많아지도록 할 것이다.

새로운 관점

필수 이해 시리즈는 교사에게 폭넓고 깊은 수학적 이해를 지원함으로써 학생들이 다양한 방법으로 도움을 받을 수 있게 하기 위한 것이다. 논의되는 수학과, 교육과정 상 학생들이 이전과 이후에 배우게 될 수학의 관련성을 고려함으로써 이 책은 흔치 않은 깊이와 학교수학의 수직적 연계성에 대한 통찰력을 제공한다.

이 시리즈는 「학교수학을 위한 원리와 규준(Principles and Standards for School Mathematics)」(NCTM, 2000), 「유아·유치원에서 8학년까지의 교육과정 초점 사항: 추론과 이해(Curriculum Focal Points for Prekindergarten through Grade 8 Mathematics: Reasoning and Sense Making)」(NCTM, 2009), 그리고 「내비게이션(Navigations) 시리즈」(NCTM, 2001-2009)의 배경과 대비하여 진술하고 있다. 이 새로운 책들은 내용-기반 교사의 전문성 발달의 기회를 제공하는 데 중요한 역할을 한다.

다른 출판물들은 차례차례 새로운 책에 살을 붙이고 질을 높이는 데 사용할 수 있다. 이 책을 읽은 후에, 예를 들어, 학생들이 필수 이해 시리즈에서 논의된 주제들에 대한 통찰력을 기르도록 직집적으로 할 수 있는 규준 기반 활동들을 내비게이션 시리즈에서 골라낼 수도 있을 것이다. 만약 유아·유치원에서 8학년까지를 가르친다면, 「교육과정 핵심 사항(Curriculum Focal Points)」에서 제시한 3가지 중점들을 이용해 여러분의 심층적인 이해를 접목시켜 제시할 자료를 가지고 학생들의 수준에 맞추어 안내할 수 있을 것이다. 그리고 9학년에서 12학년 학생들을 가르친다면, 「고등학교수학에서 초점(Focus in High School Mathematics)」에 나와 있는 것처럼 여러분이 이해한 것을 이용하여 학생들이 수학적 증명이나 이해를 형성할 수 있는 방법들을 풍부하게 할 수도 있을 것이다.

질 높은 이해는 새로운 관점을 제공하며 가르치는 데 있어 새로운 에너지를 불어 넣는다. 우리는 여러분이 이 책을 읽으면서 습득한 이해가 학생들이 그들의 수학적 성공을 확신시켜 주는 주제들을 완벽히 이해하도록 돕는 것을 지원해줄 수 있기를 소망한다.

최신 버전의 저자들은 이 책의 모든 버전에 대해 첨삭해 준 Jenny Simmons에게 특별히 감사를 표하고 싶다. 그녀의 통찰력과 무명의 여러 사람의 의견들이 저자들의 생각에 많은 영향을 주었다.

서론

이 책은 수와 기수법에 집중하고 있다. 이들은 유치원 들어가기 전 교육과정에서부터 초등 2학년을 효과적으로 지도하기 위해 속속들이 이해할 필요가 있고 융통성 있게 사용할 줄 알아야 하는 개념들이다. 이 책은 유치원 들어가기 전 교육과정과 초등학교 저학년 교육과정에 자주 쓰이는 다양한 수학적 개념들을 다루고 있다. 또한, 교사는 자신이 가지고 있는 다양한 수학적 경험을 바탕으로 학생들을 가르치고 스스로 동기부여 하는 계기를 갖도록 한다.

이 책은 각 주제들과 관련지어 수업을 계획하고 시행할 수 있게 여러분의 이해의 발달을 돕고, 학생들의 수와 기수법의 전체적인 복합성을 통한 배움을 평가할 수 있게끔 고안되었다. 그 관계들에 대한 깊고 폭넓은 이해는 이러한 주제들이 학생들이 학교수학과 교육과정 경험을 통해 배우는, 그리고 배우게 될 수학이 어떻게 관통하는지 보여주어 그 영향력과 범위에 관해 학생들과 소통할 수 있게 해준다.

이 집중된 연구를 통해 습득한 수와 기수법에 대한 이해는 결국 학교수학을 위한 원리와 규준(Principles and Standards for School Mathematics) (NCTM, 2000)의 다음의 비전을 지지한다. “모든 학생들이 고품질의 참여도 높은 수학 수업에 접근할 수 있는 교실이나 학교 또는 학군을 상상해 보아라.”(p.3) 이 비전은 “꾸준히 전문적으로 성장해 갈 것인가”(p.3)와 그리고 보통 학생들로 하여금 이해를 동반하여 수학을 배울 수 있는 뜻깊은 경험을 하게 하느냐 하는 것은 학급 교사들에 달려 있다.

왜 수와 기수법인가?

NCTM의 필수 이해 시리즈 전 권의 다른 주제들처럼, 수와 기수법은 학생들이 꼭 배워야 할 학교수학의 주요 영역이지만 교사들이 가르치기는 힘든 부분이다. 유치원 들어가기 전 교육과정에서 초등학교 2학년까지의 학생들에게 발달의 성과가 있으려면, 그리고 자연수를 이용하는 전략을 사용하도록 하려면 수와 기수법을 잘 이해하도록 해야 한다. 예를 들어, 양을 비교하는 것과 보다 적음 또는 보다 많음의 관계를 이해하는 것은 평범한 더하기, 빼기, 곱하기, 나누기 과정에 꼭 필요한 수를 분해하고 수를 합성하는 초기 단계라 할 수 있다. 자릿값과 그에 따른 수의 크기에 대한 이해가 없이는 큰 기호를 쓸 때 학생들은 백의 2와 일의 5의 값을 나타내는데 "25"와 같이 쓰는 것처럼 큰 숫자를 쓸 때 잘못 나타내기 쉽고 이는 연산의 알고리즘을 성공적으로 사용하는 것을 방해하게 된다. 그러므로 수와 기수법을 이해하는 것의 중요하고 그것들을 잘 이해하는 것이 어렵기때문에 유치원 이전부터 초등학교 2학년까지의 교사들 스스로가 수와 기수법을 아주 잘 이해하는 것이 필수적임을 말해 준다.

유치원 이전에서 초등학교 저학년까지의 교사를 가르치기 위해서는 여러분이나 여러분의 학교, 학군 그리고 국가 교육과정이 학생들이 수와 기수법에 대해서 배워야 할 것으로 기대하는 수학에 대한 견고한 이해를 요구한다. 또한, 학생들과 수업을 진행하면서 수와 기수법이 다른 수학적 아이디어와 연관되는 법에 대하여 설명할 수 있도록 한다. 교사로서 질 높은 수학적 이해는 수업 과제를 고르는 일, 문제들을 만드는 일, 소재를 선택하는 일, 시간의 흐름에 따라 주제들을 배치하는 일, 학생들의 활동의 질을 평가하는 일, 그리고 그들의 사고를 도전하거나 지지해 주는 방법을 고안해 내는 것 등 많은 선택들을 적절하게 할 수 있도록 안내해 준다.

수와 기수법 이해하기

교사들은 수학이 학교, 일터 그리고 삶에서 성공과 만족에 기여하게 될 것이라는 것을 사람들이 이해하기를 바라는 마음으로 수학을 가르친다. 유치원 들어가기 전 교육과정이나 초등학교 저학년 학생들이 활기 있고 지속적으로 수와 기수법을 이해하도록 발달하게 도와주려면 여러분은 이 수학을 깊게 이해할 필요가 있다. 그런데 이것은 무엇을 어떻게 해야 한다는 의미일까?

수와 기수법과 같은 수학 분야를 이해하는 것에 대해 특정한 사실을 알고 특정한 유형의 문제를 풀 수 있으며, 관련 단어들을 외우는 것이라고 생각하기 쉽다. 예를 들어, 유치원 이전부터 초등학교 2학년 수준의 학생들에게 수를 세거나 자릿값의 이름을 아는 정도의 수준은 기대할 수 있다. 여러분은 학생들이 자연수를 비교하거나 연산을 모델화하기 위해 수직선을 이용해야 하는 문제들을 푸는 데 능숙할 것이라 예상한다. 또한, 여러분이 가지고 있는 수학적 어휘는 자릿값, 등가, 기수 그리고 분해와 같은 단어들을 포함할 것이라고 예상할 수 있다.

분명히 기초 연산, 어휘 그리고 특정 유형의 문제들을 푸는 기술들은 여러분들이 수와 기수법에 대해 알아야 하는 전부는 아니다. 여러분들은 학생들과 함께 하면서 다양한 유형의 문제들을 구별 할 줄 알아야 하며 특정 전략들이 언제 적용되는지도 알아야 한다는 사실을 깨달았을 것이다. 예를 들어, 학생들에게 "counting all(처음부터 세기)"보다 "counting on(주어진 수부터 세기)"이나 "counting up(세어 올라가기)"의 차이점에 대해 설명해 주는 것이 더욱 효율적일 것이다.

또한, 우리는 유치원 이전부터 초등학교 2학년까지의 수학을 지도하는 교사들이 수와 기수법에 대하여 알아야 하고 또 이를 가르칠 줄 알아야 한다고 생각하는 상당히 긴 목록의 수학적 개념들에 집중하기 쉽다. 교육과정 개발자들은 종종 그런 목록들을 고안하거나 책으로 출판한다. 그러나 목록의 각 개념들이 중요할지는 몰라도 이러한 목록들은 주제의 질 높은 이해에 대한 본질을 잡아내지 못한다. 이 분야를 이해하는 것은 중요한 수학적 개념들을 아는 것뿐만 아니라 그 개념들이 서로에게 어떻게 연관되어 있는지 아는 것 또한, 매우 필수적이다. 새로운 개념들을 받아들이고 비슷한 개념들 간의 새로운 연관성을 찾아내는 기회들의 결과 경험들을 통해 여러분의 이해는 꾸준히 성장할 것이다.

더 나아가 수와 기수법에 대한 여러분의 이해는 학생들이 알아야 하는 내용을 초월해야 한다. 여러분이 알아야 하는 것과 학생들이 배우기를 기대하는 것에 대한 몇몇 차이는 쉽게 생각해 볼 수 있다. 예를 들어, 교사로서 여러분의 이해는 수를 이루고 분해하는 것이 더하기의 특성과 어떻게 연관되는지, 그리고 수를 세는 데 사용하는 단위가 어떻게 분수와 관련된 단위와 관련이 되는가에 대한 것도 확실하게 포함해야 한다.

여러분이 가져야 하는 이해도와 학생들이 습득하기를 기대하는 이해도 사이의 차이들은 덜 분명하지만, 여러분의 교실에서의 경험들이 어느 정도 의심 없이 그 차이들을 자각할 수 있도록 했을 것이다. 예를 들어, 여러분들은 학생들의 예상치 못한 질문이나 주장에 대한 답을 하는데 수와 기수법에 대하여 이해를 하고 있는 것의 상섬에 대하여 몇 번이나 감사한 일이라고 생각해 보았는가? 여러분의 지식의 미흡함 때문에 얼마나 그런 기회를 놓쳤는지 그리고 기회를 보다 충분히 이용하는데 실패를 하였는지에 대하여 몇 번이나 생각해 보았는가?

여러분이 분명히 발견했다시피, 친숙한 수학을 알고 할 줄 아는 것만으로는 수업을 할 때 충분하지 않다. 여러분은 참신한 주장들에 대해서 구분하고 정의하거나 논박할 줄 알아야 한다. 이러한 주장들이나 정의들은 학생들의 현재 교육과정의 기대치보다 앞서간 개념들이나 기술을 활용해야 할 수도 있다. 예를 들어, 여러분은 물체의 길이는 자를 대고 물체의 왼쪽에서 오른쪽 끝 사이에 있는 자의 표시된 눈금이 수라고 자주 확언하는 잘못된 주장에 대하여 논박할 수 있어야 한다. 수를 세거나 양을 잴 때 단위의 중요성은 표시된 눈금의 개수가 아닌 단위 길이에 주의하도록 해야 한다. 눈금의 선택은 선택한 길이 단위를 고려해야 하고 전체적인 개수나 길이와의 관계를 생각해야 한다.

핵심 아이디어와 필수 이해

수와 기수법에 대한 질 높은 이해의 부분인 다수의 특정한 개념들을 생각해내는 것은 어려운 일이 될 것이다. 그 모든 수학적 개념들과 연관성을 다 표현해 내려면 많은 책들이 필요할 것이다. 이 책에 어떤 개념들을 포함할 것인지 선정하기 위해 저자들은 중요한 질문을 고려하였다. 유치원 이전부터 초등학교 2학년까지의 교사들이 효과적인 수업을 하기 위해 수와 기수법에 대해 필수적으로 알아야 하는 것이 무엇일까? 이 질문에 답하기 위해 저자들은 개인적인 경험과 수학과 수학교육 전공 동료들의 전문지식, 검토자들과 발달 전문가들의 반응들은 물론 교육과정 자료에서 나온 개념들과 수학을 배우고 가르치는 것에 대한 연구 등 다양한 자료들을 활용했다.

결과적으로, 이 책의 수학적 내용은 교사들의 수와 기수법에 대한 필수적인 지식에 중점을 두었다. 특히, 1장에서는 이러한 수학적 분야에 관한 다섯 가지 핵심 아이디어들을 정리해 놓았다. 각 핵심 아이디어들은 이 책에서 필수 이해라고 부르는 좀 더 작고, 구체적인 수학적 개념들에 의해 뒷받침되고 있다. 이 책에서는 각각 핵심 아이디어들과 관련된 세 가지에서 다섯 가지의 상호 관련된 필수 이해들에 집중하고 있다. 이러한 개념들은 학생들이 유치원 들어가기 전 교육과정에서부터 초등학교 2학년 때까지 쓰는 수와 기수법을 이해하는 데 여러분이 알아야 하는 것을 정교화 한다. 이러한 이해를 습득하는 것은 매우 가치있고, 얼마인가 또는 얼마나 더 많은가와 같은 일상적인 질문에 학생들이 수나 양을 사용하고 양들을 비교하는 것을 이용해 대답하는 것을 도와줄 수 있도록 하는 데 유용한 부분이다.

교수, 학습, 평가를 위한 유익한 점들

수와 기수법에 대해 이해하는 것은 학교수학을 위한 원리와 규준(Principles and Standards for School Mathematics)에서 말한 교수의 원리를 실행하는 것을 도와줄 수 있다. 이 원리는 설명의 수준을 높여준다. “효과적으로 수학을 가르치는 것은 학생들이 아는 것과 배워야 하는 것을 이해하고 제대로 배울 수 있게 지원하고 자극하는 것이 필요하다"(NCTM 2000, p.16). 수학의 다른 중요한 주제들을 가르칠 때도 그렇듯이 수와 기수법을 가르치는 것은 "대부분의 교사들이 표준적인 예비 수학교사들을 위한 강좌들에서 경험한 것 그 이상"의 지식을 필요로 한다(p.17).

1장은 여러분들이 마주해야 할 가능성들이 있는 많은 주제들보다 수와 기수법에 관해 더 납득하고 집중되게끔 개요를 제공하는 역할을 한다. 이 장은 수와 기수법에 관해 열거하고 확장하고 그것에 관한 핵심 아이디어들과 필수 이해들의 예를 제공하며, 여러분의 이해를 보완하거나 강화시킨다. 그러므로 1장은 여러분들로 하여금 학생들이 수와 기수법에 대해 확고하게 배울 수 있도록 지원하고 자극시키는 데 교수의 원리를 최대한 실행할 수 있도록 준비하도록 하는 것을 목적으로 한다.

이러한 방식으로 이해를 강화시키는 것은 원리와 규준(Principles and Standards)에 나오는 교수원리를 실행하도록 준비하도록 한다. "학생들은 전에 가지고 있던 지식과 경험으로부터 새로운 지식을 활발히 쌓고 이해하는 것을 통해 수학을 배워야 한다"(NCTM, 2000, p.20). 이러한 방식으로 학생들이 수와 기수법을 배우도록 돕는 여러분의 노력을 지원하기 위해 2장은 1장에서 나온 학생들이 일반적으로 학교의 초반과 후반에 만나게 되는 수학의 핵심 아이디어들과 필수 이해를 연관시킬 수 있는 구체적인 방법을 논의한 것에 수와 기수법에 대한 이해를 더해갈 수 있게 한다. 이 장은 학생들의 수와 기수법에 대한 학습의 시간적 흐름에 따른 종적 연관성을 강조하며 교수 원리를 지원한다.

예를 들어, 학생들은 수학적인 경험이 늘어나면서 수직선과 자의 관계가 비교를 위한 단위 길이를 이용한 도구들이라고 본다. 학생들은 데카르트 그래프를 공부하기 시작하면서 축들을 수직선이라고 이해할 수 있고, 단위 길이에 대한 이해를 독립 변수와 종속 변수를 설명할 때 쓰이는 다양한 범위의 효과들을 설명하는 데 쓸 수 있다.

1장과 2장이 전달하려는 것에 대한 이해는 가르치는 데 있어 중요한 또 다른 영역을 강화시킬 수 있다. 3장에서 이 영역을 다루는데, 수와 기수법에 대한 이해가 어떻게 학생들의 주제에 대한 이해를 평가하는 데 쓰일 적합한 과제, 기능 그리고 도구들을 고르고 발달시키는 데 도움을 주는지 보여주면서 이전 장들에 더하여 부가적으로 설명한다. 주제에 대한 학생들의 과거와 미래의 경험을 인지하는 것에 더하여 수와 기수법에 관한 핵심 아이디어들과 필수 이해에 대한 주인 의식을 갖는 것은 여러분으로 하여금 수업에서 평가가 학생들로 하여금 중요한 수학을 배우도록 돕는다는 사실에 대하여 확신하도록 할 것이다.

이런 평가는 원리와 규준(Principles and Standards) (NCTM, 2000)에서 제시한 평가 원리의 첫 번째 요소를 만족시킨다. "평가는 중요한 수학을 학습할 수 있도록 지원하고 유용한 정보를 교사들과 학생들 모두에게 제공해야 한다" (p.22). 수와 기수법을 이해하는 것은 학생들이 무엇을 생각하고 이해했는지 구체적으로 정보를 주는 평가 자료를 개발할 수 있도록 함으로써 평가 원칙의 두 번째 요소 또한, 만족시키도록 한다. 예를 들어, 학생들에게 124와 같은 수를 십진블록으로 가능한 많이 만들어보도록 했다고 하자. 이 과제는 학생들이 자릿수 단위를 다음 작은 단위 열 개 모아 놓은 것이라고 이해하게 하고, 각 자릿수들이 필요로 하는 수를 표현하는 것에 대한 통찰을 얻게 할 수 있다. 학생들의 활동은 또한, 그들이 같은 수들을 다양한 방법으로 표현할 수 있는가에 대한 것으로, 예를 들면, 34를 2개의 십의 자리와 14개의 일의 자리로 쓰는 게 가능한지 그리고 34－18을 할 때 유용한지에 대한 통찰을 가지게 한다.

준비하기

이 서문은 여러분이 1장에서 마주하고 탐험할 수와 기수법에 관한 핵심 아이디어들과 그에 따르는 필수 이해를 준비하기 위한 배경을 설명한다. 단원들을 보이는 대로 순서대로 읽는 것이 책을 이해하는 데 매우 도움이 될 것이다. 1장을 앉은 자리에서 다 읽는 것보다 숙고할 시간을 가지면서 나눠 읽기 바란다. 수와 기수법을 이해하는 데 관련이 있는 주제들인 핵심 아이디어들과 필수 이해들 모두를 습득하기 바란다. 그리고 이 주제들 간 연관성을 이해하기 바란다. 학생들이 학교에서 선수와 후속 학습으로 마주할 수학과 수와 기수법이 어떻게 연관되어 있는지 보여 주기 위하여 여러분이 새로 발견하거나 보다 증진된 이해를 가지고 2장으로 넘어가기 바란다. 그러고 나서 3장에서 나오는 가르치고, 배우고, 평가하는 것에 대해 읽어 보기 바란다.

그 대신 1장과 2장에 나오는 수학적 개념에 대하여 알아보기 전에 3장을 먼저 훑어볼 수도 있다. 가르치는 것과 배우는 것 그리고 평가의 사항들에 대한 어려움과 가능한 접근법들을 염두에 두는 것 또한, 앞의 장들의 자료들에 다양한 관점을 가지도록 할 것이다.

이 책을 어떻게 읽든지에 상관없이, 이 책이 여러분의 수와 기수법에 대한 이해, 응용 그리고 즐거움을 확장시킬 수 있는 도구로 사용될 수 있게 되기 바란다.

제1장

수와 기수법 : 핵심 아이디어와 필수 이해

자연수의 개념과 이해에 대한 논의는 보통 양(길이, 넓이, 그리고 불연속의 양들)과 수를 세기 전 단위들로부터 시작되는데, 이는 수에 관한 몇몇 근본적인 개념들이 저학년에서의 수 세기 이전에 발날되어야 하기 때문이다. 양과 단위의 관계는 수의 견고한 기초에 기반으로 두어야 한다. 그 후에 수 세기는 것은 배열이나 기수, 순서나 측정 같은 수의 종합적인 측면들을 통합하는 데 있어 중요한 역할을 한다. 이 통합은 순서대로 수와 기수법, 자릿수 체계에 대한 좀 더 추상적이고 일반적인 개념들을 이해할 수 있도록 지원한다. 1장에서는 수에 대한 아래의 다섯 가지 핵심 아이디어들과 그에 관한 필수 이해들을 다룬다.

Big idea

핵심 아이디어 1. 수는 양들 사이의 관계에 대한 좀 더 기초적인 아이디어의 확장이다.

필수 이해 1a. 양은 수치를 부여하지 않아도 서로 비교할 수 있다.

필수 이해 1b. 물리적인 대상들은 물질 자체가 양은 아니다. 모든 양적인 비교들은 대상의 특정한 속성이나 비교할 만한 자료들을 선택하는 것을 포함한다.

필수 이해 1c. 하나의 양과 또 다른 양 사이의 관계는 등가나 비등가의 관계일 수 있다.

필수 이해 1d. 등가성과 순서 관계에 있어 중요한 두 가지 속성은 보존성과 추이성이다.

필수 이해 1e. 두 양 사이에 존재하는 등가성은 한쪽이나 양쪽의 양이 부분으로 분해되고, 한쪽의 양이 더 큰 양을 이루기 위해 또 다른 양과 결합한다 해도 변하지 않는다는 것을 이해하는 것이다..

Big idea

핵심 아이디어 2. 단위는 양을 수로 나타내는 것을 가능하게 한다.

필수 이해 2a. 두 가지 또는 여러 가지 양들 사이의 관계를 나타내기 위한 수의 사용은 단위가 무엇인지에 달려 있다.

필수 이해 2b. 단위의 크기는 한 가지 양을 세거나 재기 위해 그 단위를 반복해야 하는 횟수를 결정한다.

필수 이해 2c. 수로 표현된 양은 부분－전체 관계로 분해(또는 결합)될 수 있다.

Big idea

핵심 아이디어 3. 의미 있는 수 세기는 배열, 순서, 일대일대응, 서수, 기수 등과 같은 수와 집합의 다양한 면들을 통합시켜준다.

필수 이해 3a. 자연수에 내재된 순서와 결합하여, 수사의 배열은 수 세기의 기초로 사용될 수 있다.

필수 이해 3b. 수 세기는 집합에 들어 있는 대상의 종류나 그 대상을 세는 순서에 관계없이 일대일대응을 포함한다.

필수 이해 3c. 수 세기는 대상들의 집합에 대한 기수와 서수를 포함한다.

필수 이해 3d. 수 세기 전략은 수들의 순서와 위계적 포함 관계에 기초한다.

핵심 아이디어 4. 수는 추상적인 개념이다. Big idea

필수 이해 4a. 수사의 배열에서 패턴은 추상적인 수 개념의 기초를 제공한다.

필수 이해 4b. 수의 배열은 무한하다.

필수 이해 4c. 수를 나타내는 기호는 추상적인 사고 대상의 표현이다.

핵심 아이디어 5. 십진법의 위치적 기수 체계는 수를 표기하는 데 효율적인 방법이다. Big idea

필수 이해 5a. 10개의 서로 다른 아라비아 숫자들을 사용하거나 나열하면 어떤 자연수도 표현할 수 있다.

필수 이해 5b. 십진기수법 체계는 앞의 자릿값 단위를 10씩 묶음으로 새로운 자릿값 단위를 형성해 주며, 이 과정은 보다 큰 자릿값 단위를 얻을 때에도 반복된다.

필수 이해 5c. 숫자로 표기된 수의 값은 수 안에서의 자리와 위치에 달려 있다.

필수 이해 5d. 다른 크기의 단위들은 고유한 자릿값을 갖는다.

핵심 아이디어 1

수에 대한 개념

Big idea

수는 양들 사이의 관계에 대한 좀 더 기초적인 아이디어의 확장이다.

많은 사람들은 유치원 들어가기 전에 10까지나 더 많이 셀 수 있고, 유치원과 초등학교 일학년 때 한 자릿수의 덧셈이나 뺄셈을 할 수 있으면 수를 배우기에 좋은 시작을 했다고 생각한다. 그러나 수를 이해하는 것은 그 이상의 것을 필요로 한다.

수에 대한 개념은 양의 관계에 관한 개념들로부터 자라난다. 수에 대한 수학적이고 개념적인 기반을 이해하려면, 길이와 같은 물질적인 양들의 비수치적인 비교와 관계되는 지식에 익숙해지는 것이 도움이 된다.

필수 이해 1a

양은 수치를 부여하지 않아도 서로 비교할 수 있다.

어느 쪽에도 수적인 가치를 정하지 않고도 두 양의 관계를 평가하는 것이 종종 가능하다. 예를 들어, 어느 길이가 더 큰지를 정할 때는 [그림 1.1] 에 나와 있는 것처럼 물체의 길이만큼 막대를 만들어 나열해 어느 것이 더 뻗어 있는 가를 지각적으로 정할 수 있다. 만약 막대들을 올바르게 나열했다면 한 막대가 다른 한쪽에 더 튀어나와 있고 다른 막대가 또 다른 쪽으로 더 튀어나와 있을 오류가 생길 수는 있어도 나름 수학적인 절차가 된다.

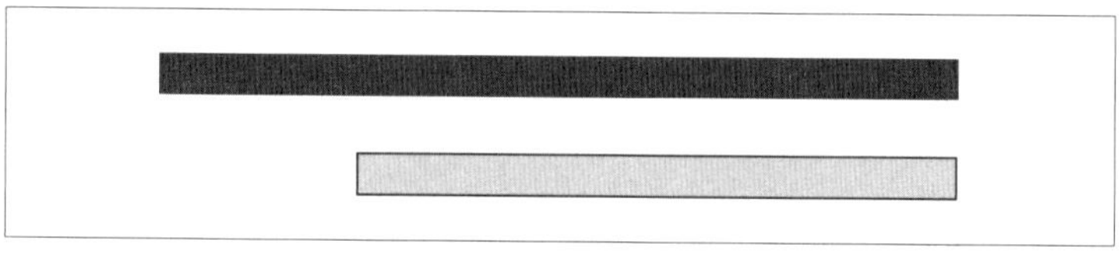

[그림 1.1] 길이 비교를 위해 정렬하기

길이가 아닌 다른 양들 역시 숫자로 표시하지 않아도 비교하는 것이 가능하다. 예를 들어, 평면적인 도형의 넓이를 비교할 때 도형들을 겹쳐보고 한쪽이 다른 도형의 테두리 안에 들어가는지 아닌지 결정할 수 있다. 두 대상의 무게를 비교할 때는, 받침점이나 균형점으로부터 서로 반대쪽의 같은 거리에 두고 균형을 이루는지 아닌지 결정할 수 있다. 또한, 두 용기의 용량을 비교할 때는 한쪽에 액체를 채워 다른 쪽에 따른 후 넘치는지, 딱 맞는지 아니면 남는지를 결정할 수 있다.

[그림 1.1]에서, 길이는 수적 가치를 부여하지 않고 비교할 수 있게 하는 막대들의 속성이다. 넓이, 부피나 무게와 같이 길이는 주어진 집합 안의 대상의 수나 막대의 개수처럼 셀 수 있거나 이산적인 양이 아니다. 길이나 넓이, 부피 그리고 무게의 속성은 연속량이라는 것이다.

불연속 양들 또한, 수적 가치를 부여하지 않고도 비교할 수 있다. 예를 들어, 회전목마의 각 말마다 아이가 한 명씩 타고 있고, 몇몇 아동들이 벤치에서 기다리고 있는 것을 관찰한다면 회전목마의 말의 개수와 아이들의 명수를 정확히는 몰라도 아이들이 회전목마의 말 수보다는 많다고 결론 내릴 수 있을 것이다.

양을 비교할 때는 수와 수 기호에 대한 이해를 수반하지 않아도 되지만, 수와 수 기호에 대한 이해는 양에 대한 지식이 어느 정도 필요하다. 수의 기본적인 기능이 양을 나타내는 것("몇 개?"와 같은)이기 때문에 수를 이해하는 것은 분명하게 양을 이해하는 것에 영향을 받는다.

하나, 둘 같은 작은 수를 세는 단어를 막 배우기 시작하는 아주 어린 아동들에 대한 연구 결과가 이 주장을 입증한다

(Durkin et al., 1986; Wagner and Walters, 1982). 아동들은 처음에 이산적인 물체를 표현할 때 이를 언어적인 단어를 사용하면서 양과 대면하게 된다. 비록 매우 어린 아이들이 표현한 수와 모아놓은 물체의 수가 같지 않은 경우에도 그렇다. 수에 대한 이해도가 발달하면서 아동들은 수사와 수를 세는 것을 결합하게 된다.

필수 이해 1b

물리적인 대상들은 물질 자체가 양은 아니다. 모든 양적인 비교들은 대상의 특정한 속성이나 비교할 만한 자료들을 선택하는 것을 포함한다.

양을 비교하는 것은 수 기호의 사용을 수반하지 않아도 되기 때문에 수에 대한 어떠한 지식도 전제로 하지 않는다. 하지만, 양을 비교할 때는 몇몇의 기본적인 수학적 개념을 필요로 한다. [생각해보기 1.1]에 나와 있는 것을 예로 생각해보자. 같은 표면 위에 있는 두 꽃병 중 하나가 다른 하나보다 "위로 올라가 있기" 때문에 한쪽이 다른 한쪽보다 크다는 판단과 같이 간단한 양적 비교조차도 상당한 분석이 따르고, 그 분석에 들어가는 개념들 또한, 수를 이해하는 데 중요한 역할을 한다.

생각해보기 1.1

조쉬가 "이 책은 한 장의 종이보다 더 커요"라고 말했다. 조쉬는 대상들의 어떠한 속성(들)을 비교한 것일까? 얼마나 많은 방법으로 책의 "크기"와 종이의 "크기"를 비교할 수 있을까?

기본적으로 양을 비교하는 것은 양과 물질적인 대상 그 자체를 구분된 것으로 이해하는 것을 필요로 한다. 두 양의 관계를 비교할 때는 그것에 대한 대체 가능성이 있는 '같다, 보다 적다, 보다 많다'와 같은 개념을 이해하는 것 역시 필요하다.

나아가 비교하는 것은 부가적인 결합(그리고 분해)에 대한 개념을 이해하는 데 단단한 기초를 제공한다.

[그림 1.2]에 나와 있는 꽃병들은 양은 '반드시 물질적인 대상들에 내재되어 있는 형태와는 구별되어져야 된다'라는 생각을 설명한다. 만약 비교 대상이 높이라면 왼쪽에 있는 것이 오른쪽에 있는 것보다 더 크다고 할 수 있지만, 용량을 비교하는 것이라면 그러지 않을 것이다. 그러니 분명하게 두 대상이나 집합의 물질적 자료가 더 큰지(아니면 같은지)를 말하려면 비교할 양적 특성을 먼저 선택한 후에야 결정할 수 있다.

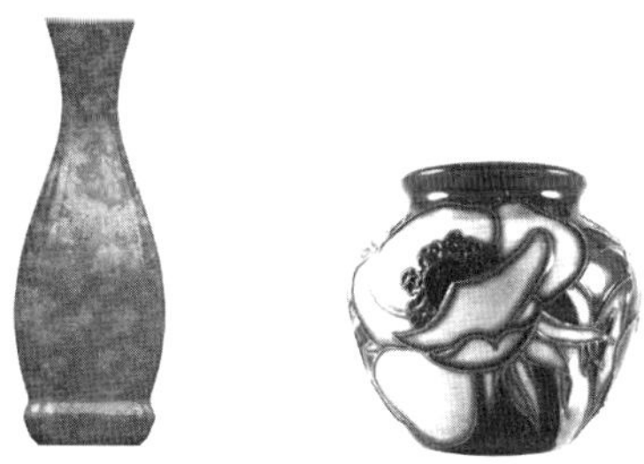

[그림 1.2] 어느 것이 더 큰가?

물질적인 대상의 다양한 속성들에 대한 혼란은 어린 아동들의 추론에서 쉽게 발견되는 많은 오류들을 일으킨다. 예를 들어, 넓은 용기에서 좁은 용기에 물을 따를 때 물의 양이 늘었다고 한 학생의 주장을 생각해보자(Piaget, 1952). 학생는 좁은 용기에서 물이 더 높은 곳까지 차 오른 것을 인지했고, 부피와 높이의 차이를 정확하게 구분 짓지 않았기 때문에, 그러한 관찰로부터 물의 양이 늘었다고 주장한 것이다.

종류가 다른 물체라도 단위나 양으로 수치를 비교할 수 있다. 예를 들어, [그림 1.3]에 있는 슬리퍼들과 핸드백들을 생각해보자. 만약 한 쌍의 슬리퍼들과 한 개의 핸드백을 비교해 보면 두 대상이 같은 수인 것을 발견한다. 그림에 몇 개의 가방과 몇 쌍의 슬리퍼가 보이는지 보지 않아도 간단하게 각각의 가방 위에 슬리퍼 한 쌍이 있는 것을 알아차리는 것만으로도 그들의 수가 같다는 것을 알 수 있다. 하지만, 만약 각각의 핸드백들을 슬리퍼 한 짝과 비교한다면 대상 간의 일대일대응이 이루어지지 않기 때문에 그 수가 같지 않게 된다.

[그림 1.3] 두 종류는 같은 개수인가?

모아 놓은 별개의 대상들은 종종 수적으로 보통 각각의 대상들이 따로따로 단위를 이루듯이 비교된다. 그러나 모아놓은 대상들은 변함없이 공간적 범위라든가 무게, 부피 그리고 전체적인 평면의 넓이 같은 다른 속성들도 가지고 있다. 수적인 양을 포함하는 양의 본성은 가끔 함께 변하기도 하지만 항상은 아니라는 것을 알아차리는 것이 중요하다. 그러므로 두 가지의 수집된 대상이 있을 경우 단순히 대상이 얼마나 많은 공간을 덮는지 판단하거나, 수집된 대상들이 각각 모두 같은 무게나 넓이인 것을 알 때는 효과적인 방법일지도 모르지만 무게를 재어 보는 것만으로 어떤 수집된 대상들이 더 많은지 항상 결정할 수는 없다. 만약 수집된 모든 대상들이 같은 면적을 덮는다면, 수집된 대상 내에서 합쳐서 더 넓은 면적을 가리기에 더 많은 물건들이 있다고 주장할 수 있고, 수집된 모든 대상들이 같은 무게가 나간다면, 합친 무게가 더 많이 나가기에 더 많은 물건들이 있다고 주장할 수 있다.

그러나 수집된 대상 내에서 각각 물건들의 면적이나 무게가 다를 경우 두 대상 내의 물건들의 수, 즉 총합의 면적이나 무게를 비교하는 것은 수량을 비교하는 데 항상 유효한 방법은 아니다. 예를 들어, 양팔 저울에 돌을 넣은 가방이 벽돌을 넣은 가방의 무게가 같다면, 가방 안의 벽돌의 수가 다른 가방 안의 돌의 수보다 더 많은지 적은지 아니면 같은지 알 수 없다.

그리고 한 성질을 변화시키는 요소가 늘 다른 요소를 변화시키는 것이 아니고 수에는 영향을 끼치지 않을 수도 있기 때문에 각각의 양의 성질들이 구별된다는 것을 인지하는 것이 수를 이해하는 데 중요하다. 예를 들어, 셀 수 있는 물건을 한 줄로 늘어놓는 것은 길이는 늘릴 수 있어도 셀 수 있는 물건의 수에는 영향을 끼치지 않는다. 반대로 한 물건을 반으로 자르는 것은 수적인 관계에는 영향을 끼칠지는 몰라도 무게나 전체적인 양과 같은 성질에는 영향을 주지 못한다. 두 양의 비수치적인 비교를 할 때는 정해놓은 성질에 따라 다르기 때문에 (예시 : 두 막대를 끝점으로부터 놓아 길이를 비교하기, 저울의 양쪽에 놓고 무게를 비교해보기) 이러한 비교를 하는 것은 양의 다른 성질들을 명확하게 구별하는 데 도움이 된다.

또한, 우리가 양들과 서로 간의 관계에 대해서 말한 방식은 아동들이 양에 대해서 생각하는 방식에 큰 영향을 끼칠 수 있다. 이는 일상에서 쓰는 말로, 우리는 비교하고 있는 특정한 양에 대해 늘 정확하지만은 않다. 예를 들어, 우리는 한 꽃병이 다른 꽃병보다 높이는 아니라고 하더라도 용량이 크다는 의미로 한쪽이 다른 한쪽보다 "더 크다"라고 할 수 있다. 마찬가지로 한 아동이 다른 아동보다 어떤 것을 수적으로 더 많은 것인지 혹 부피가 더 많은 것인지 명시하지 않고 "더 많이" 가지고 있는지에 대해 말할 수도 있다.

Vygotsky에 의하여 제기된 발달과 배움의 사회문화적 관점(e.g., 1978)은 양에 관해 좀 더 올바른 방법으로 말하고 제시하는 법을 배우는 것이 양적 관계에 관한 아동들의 이해도를 향상시킬 수 있음을 제안한다. 특정한 양적 차원 - 예를 들어, 길이, 넓이, 부피 그리고 무게 같은 것- 을 나타내는 단어들은 특정한 대상이나 집단이 비교될 수 있는 다양한 양적 차원의 바탕에 관심을 가지도록 한다.

[생각해보기 1.1]에서 조쉬는 종이 한 장과 책의 면적, 길이 아니면 무게를 비교한 것일 수도 있다. 그의 주장에서 그가 생각하고 있는 것의 속성을 판단하는 것은 불가능하다. 불특정한 주장은 관찰된 관계를 말해 주지는 않는다. 비교되고 있는 속성의 분명한 정의와 표현은 두 개나 더 많은 양들 사이에서의 관계에 관한 정확한 묘사들을 뒷받침하거나 향상시킬 수 있다.

필수 이해 1c

하나의 양과 또 다른 양 사이의 관계는 등가 또는 비등가의 관계일 수 있다.

속성들에 대해 양적으로 생각한 후에, 둘이나 더 많은 양의 관계에 대해 생각해 볼 수 있다. 이 관계들은 그들이 가지고 있는 속성에 따라 정의할 수 있다. [생각해보기 1.2]에서 이 자료에 관해 탐구해 보자.

생각해보기 1.2

카라는 "만약 한 양이 다른 양보다 많다는 것을 알면, 네 가지의 진술을 쓸 수 있어요."라고 말했다.
카라가 쓸 수 있는 진술들은 무엇이라고 생각하는가?

두 가지의 양을 비교할 때, 다음 세 가지 방법으로 결정할 수 있다. 첫 번째 양이 두 번째 양보다 많은가, 적은가 아니면 크기가 같은가? 그러므로 양을 비교하려면 '~와 같은', '~보다 작은', '~보다 큰'과 같은 관계를 이해할 필요가 있다. 이러한 관계들은 수에 대한 이해는 물론 수로 표현할 수 없는 양을 비교하는 데 기반이 된다. 만약 두 집합의 요소들 간에 일대일대응이 이루어진다면 두 집합은 같은 수의 대상이나 원소가 있는 것이다. 만약 두 집합이 다른 수의 대상이나 원소를 가지고 있다면, 두 집합의 원소들 간 가능한 대로 일대일대응을 시켜

봤을 때, 한쪽의 집합의 원소가 한 개 아니면 그보다 더 많이 남아있게 될 것이다. 남아있는 원소가 있는 집합이 더 많은 수의 대상이나 원소를 가지고 있는 집합이다. 두 집합 간의 원소들을 대응시키는 것은 '~와 같다, ~보다 적다 아니면 보다 많다' 중 어떤 관계가 집합들 사이에 있느지 정하는 과정이다.

[생각해보기 1.2]에서, 카라는 한 양이 다른 쪽보다 더 많을 경우 네 가지의 진술을 쓸 수 있다고 말한다. 같지 않은 두 가지의 양이 주어졌을 때, 다음과 같이 말할 수 있다.

1. 하나의 양('양 D'라고 하자)이 또 다른 양('양 K'라고 하자)보다 더 많다.
2. 양 K는 양 D보다 적다.
3. 양 K는 양 D와 같지 않다.
4. 양 D는 양 K와 같지 않다.

이 네 가지 진술들은 두 가지의 양이 같지 않은 것을 알 때 참이다.

등가와 비등가의 관계는 중요한 수학적 특성을 많이 가지고 있으며, 이러한 특성들은 비수학적 양들의 관계는 물론 수학적 관계에도 적용된다. Piaget(e.g., 1952)는 몇몇의 그런 특성들을 양적 개념에 대한 아동의 이해에 관한 그의 연구 내에 정의해 놓았다. 그가 특별히 중요하다고 강조한 두 개념은 보존성과 추이성에 관한 개념들이다.

필수 이해 1d

등가성과 순서 관계에 있어 중요한 두 가지 속성은 보존성과 추이성이다.

보존성은 물질적인 대상에 관계없는 측면을 변화시켰을 때 두 양의 관계가 변하지 않고 그대로 남아있다는 개념이다. 예를 들어, 셀 수 있는 물건을 한 줄로 늘어놓았을 때도 물건의 개수는 그대로이고, 액체를 다르게 생긴 용기에 부어도 그 부피는 그대로이다(흘리지 않았고 첫 번째 용기의 액체가 하나도 "남아 있지" 않다고 가정하자).

더 이상 직접적으로 비교할 수 없을 때, 전에는 같았던 두 양들이 여전히 같다는 것을 주장하기 위해서는(대상들의 양과 관계없는 측면만 변화가 있거나 그들의 구성만 바뀌었다고 가정할 때) 추이성의 개념이 필요하다. 예를 들어, 두 액체의 부피가 한쪽이 다른 모양의 용기에 부어졌을 때도 같다는 결론은 두 가지의 다른 등가성 관계에 기초한다. 두 부피가 동일한 용기에 담겨 있을 때의 등가성과 기존 용기에 담겨져 있는 액체의 부피와 다른 용기에 부어진 같은 양의 부피 사이의 등가성이다. 만약 따르는 과정에서 액체를 조금 흘렸다면 두 번째 등가성 가정은 성립되지 않으며, 결과적으로 두 양이 변화 후에 더 이상 같다고 결론지을 수 없다. 간단하게 양들이 기존에 같았으며, 따를 때 따른 것과 기존의 양을 같게 했기 때문에, 다른 용기에 옮겨져서 양이 달라 보인다고 할지라도 두 양은 여전히 같다는 것을 알 수 있다.

양의 비교가 직접적이나 물질적인 비교가 불가능할 때 비교를 가능하게 하는 추이성은 많은 상황에서 유용하다. [생각해보기 1.3]은 측정에서의 추이성의 중요한 역할을 강조한다.

추이성은 본질적으로 두 개나 더 많은 양들을 직접적으로 비교하기보다는 중재적 역할로 비교한다. 우리는 측정을 양에 수적 가치를 부여하는 과정이라고 종종 생각하지만, 가장 간단한 유형에서 측정은 아무런 수의 사용도 필요로 하지 않는다.

생각해보기 1.3

이 물건들의 넓이를 비교해야 하는데, 그들을 움직일 수가 없어서 어떻게 겹쳐지는지 볼 수가 없어요. 그것들이 너무 커요."라고 트랜이 말했다. 트랜은 어떻게 이 딜레마를 풀 수 있을까?

[생각해보기 1.3]에서의 트랜의 딜레마는 주어진 두 넓이의

관계를 정하기 위해 두 넓이를 측정하고 그 후에 결과들을 비교하는 중재적 수단의 필요성을 제기하였다.

예를 들어, 두 구멍의 깊이를 비교하는 문제를 생각해보자. Bryant, Kopyttnska(1976)와 Miller(1989)는 이 문제에 대한 어린 아동들의 반응들을 연구했다. 한 가지 해답은 구멍에 막대를 넣어 구멍의 윗부분까지 오는 부분을 표시한 다음에 그 막대를 다른 구멍에 넣는 것이다. 만약 첫 번째 부분이 어디까지 들어갔는지를 표시한 부분이 두 번째 구멍에 들어갔다면 두 번째 구멍이 더 깊다고 할 수 있다. 만약 그 표시가 밖에 나와 보이게 된다면 첫 번째 구멍이 더 깊다고 할 수 있다. 그리고 만약 그 표시가 정확히 두 번째 구멍의 윗부분까지 온다면, 두 구멍들의 깊이는 똑같다고 할 수 있다.

이 답에서는, 막대(아니면, 더 정확하게 구멍에 들어간 끝부분부터 첫 구멍의 윗부분까지 표시된 막대 부분)는 두 깊이의 관계를 나타내기 위한 측정 수단이다. (a) 표시된 막대 부분의 길이와 첫 번째 구멍의 깊이 간의 등가성과 (b) 막대의 그 부분의 길이와 두 번째 구멍의 깊이의 등가나 비등가 관계, 이 두 관계를 합친 이행적 추론은 두 구멍의 깊이의 등가적이나 비등가적 관계에 관해 결론을 내리는 데 기초가 된다.

필수 이해 1e

두 양의 사이에 존재하는 등가성은 한쪽이나 양쪽의 양이 부분으로 분해되고, 한쪽의 양이 더 큰 양을 이루기 위해 또 다른 양과 결합한다 해도 변하지 않는다.

보존성의 개념에 관한 중요한 확장은 기존의 양과의 등가성 관계를 변화시키지 않고도 두 양의 한쪽이나 양쪽이 부분으로 분해되거나, 한쪽의 양이 더 큰 양을 이루기 위해 또 다른 양과 합쳐질 수 있다는 개념이다. 동등하지 않은 두 양의 관계를 생각할 때, 이 개념을 (a) 작은 쪽과 같은 양과 (b) 두 양의 차이로 이루어진 것 중 어느 쪽이 더 큰지 생각하는 과정에서 사용할 수 있다. 이 개념은 길이가 다른 칼과 숟가락의 길이를 비교하는 [그림 1.4]에 예시하고 있다. 실제로 칼의 길이를 두 길이로 분해할 수 있다. 즉, 숟가락의 길이와 두 길이의 차이로 분해된다.

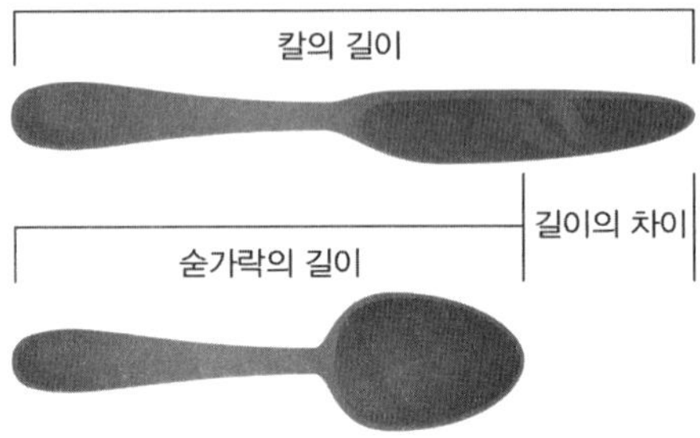

[그림 1.4] 칼의 길이는 숟가락의 길이와 칼과 숟가락 길이의 차의 합으로 나누어진다.

두 수의 관계에 관해 생각하면서 대응하는 분해를 만들 수 있다. 예를 들어, 비교하는 양이 새의 수와 지렁이의 수라면, 새의 총마릿수를 (a) 지렁이의 수와 같은 수와 (b) 나머지로 나눌 수 있다([그림 1.5] 참고).

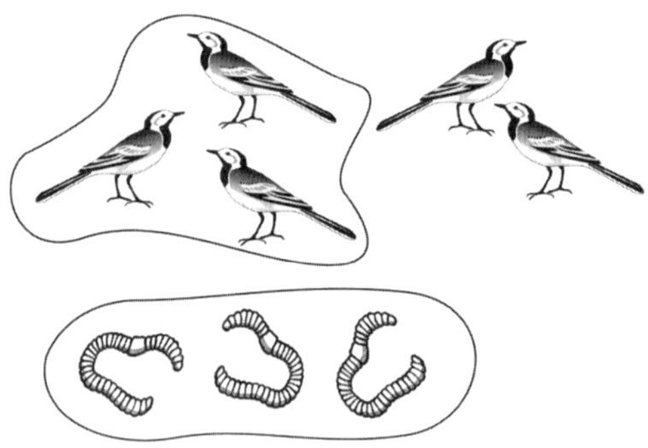

[그림 1.5] 새들의 그룹과 지렁이의 그룹의 비교

뺄셈 문제 풀기에 관한 Hudson(1983)의 연구에는 양의 관계를 이러한 방식으로 생각하는 것에 대해 잘 나타내고 있다. Hudson의 연구는 "몇 마리의 새가 지렁이를 먹지 못할까?"와 같은 "먹지 못하는" 질문들이 "지렁이보다 새가 몇 마리나 더 많은가?"와 같은 "더 많은" 질문들보다 [그림 1.5]에 나와 있는 새의 마릿수와 지렁이의 마릿수에 관한 관계를 아동들에게 더 잘 표현할 것이라고 제안한다.

핵심 아이디어 2

단위의 선택

Big idea

단위는 양을 수로 나타내는 것을 가능하게 한다.

양을 비교해야 할 때가 종종 있다. 단위를 잘 선택해야지만 비교가 의미 있게 된다. 이렇듯 우리가 선택하는 단위는 어떻게 세고 측정하는지에 영향을 미친다.

필수 이해 2a

두 가지 또는 여러 가지 양들 사이의 관계를 나타내기 위한 수의 사용은 단위가 무엇인지에 달려 있다.

직접 비교하는 것은 관계에 대한 초기개념을 형성하여 '~와 같다. 더 많다, 더 적다' 등과 같은 어휘가 생겨나게 하지만, 두 양이 얼마나 다른지를 결정하는 데 필요한 특성을 제공하지는 않는다. 같지 않음을 아는 단계, 예를 들어, 두 물체의 질량이 같지 않음을 알아차리는 단계는 중요하다. 그러나 그들이 같아지도록 하려면 먼저 그들이 얼마나 다른지를 알아야 한다. 그 차이를 구하기 위하여 그것들을 어떻게 계량화하거나 측정할지를 결정해야 한다. 단위를 정하는 것은 쉬운 것 같지만 두 양의 관계를 발견하는 데 중요한 영향을 미친다. [생각해보기 1.4]의 새미와 헤나가 수를 세는 것을 보자.

생각해보기 1.4

새미는 "내가 세어보니 넷이야"라고 했는데, 헤나는 "아니야, 여덟이야"라고 했다. 새미와 헤나는 과연 같은 그룹의 물체들을 세었을까? 왜 그럴까?

[그림 1.3]에서 단위에 따라 두 그룹의 차이가 0(슬리퍼 한 켤레를 단위로 할 때)이거나 3(슬리퍼 한 짝을 단위로 할 때) 이었던 것을 상기하여 보라. [생각해보기 1.4]의 새미와 헤나의 경우도 마찬가지이다. 새미와 헤나가 같은 그룹의 물체들을 세었다고 할지라도 개수가 다를 수 있다. 개수는 그 그룹의 물체들을 세는 데 사용한 단위에 따라 달라진다.

학생들에게 두 그룹, 즉 14개의 구슬과 22개의 구슬을 제시하는 문제를 살펴보자. 두 그룹 사이의 관계는 수를 사용하지 않고 묘사할 수 있다. 이는 수를 사용하지 않고 아이디어와 개념을 일반화하여 양을 표현하는 기회를 제공한다. 첫 번째 그룹의 구슬의 개수(14)를 M이라고 하고, 두 번째 그룹의 구슬의 개수 (22)를 P라고 하면 $M<P$, 혹은 $P>M$으로 쓸 수 있다. 이 부등호는 각각의 구슬을 한 단위로 가성한 것이다. 만약 두 그룹을 일대일대응을 시키면 두 번째 그룹이 더 많다. 각각의 구슬을 한 단위로 할 때 일대일대응은 두 그룹을 비교하는 자연스러운 방법이다.

구슬의 경우는 단위가 명백하다. 그러나 모든 경우가 다 그렇게 명확하지는 않다. [그림 1.6]은 삼각형과 정사각형과 직사각형들을 모아 놓은 것을 보여준다. 각 모양에서 하나씩 골라서 세 개를 붙여서 집을 만들 수 있다. 이렇게 도형들을 붙이면 집이란 한 단위를 생각할 수 있다. 그러나 만일 각 조각들을 펼쳐 놓고 몇 채의 집이 만들어지겠느냐고 학생들에게 묻는다면 그늘은 한 개의 삼각형과 한 개의 정사각형, 한 개의 직사각형으로 이루어지는 단위를 근거로 수를 결정해야 할 것이다. 마이클이라는 한 학생이 말한 것처럼 "이게 농담으로 하는 질문입니까? 모든 조각을 다 셀 것이 아니라 조각들의 그룹을 세어야 합니다."(Dougherty, 2004)라고 말할 것이다.

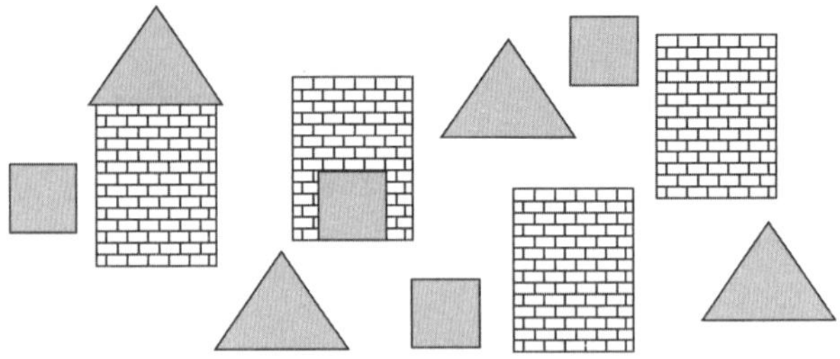

[그림1.6] 집이 몇 채인가?

이 말로부터 마이클은 단위를 정의하기 위한 기초 지식을 갖고 있으며, 그 단위를 반복하여 양에 적용하고 있음을 알 수 있다. 수의 이해를 위한 기초를 세우려면 단위를 확인하는 것이 기계적인 수 세기가 아닌 의미 있는 수 세기를 하게 하는 열쇠이다. 사실 단위를 결정하지 않고 어떤 대상들을 세거나 어떤 양을 측정한다는 것은 불가능하다.

양을 측정하기 위해서는 적절한 단위가 결정되어야 한다. 적절하다는 것은, 예를 들어 만일 길이가 그 속성이라면 넓이 단위가 아닌 길이의 단위가 선택되어야 함을 의미한다. 아동들의 발달 수준에 따라 그 단위는 남는 부분이 생기지 않거나 세지 않은 부분이 없도록 그 양을 정확하게 측정할 수 있어야 할 것이다. 그 후에는 조금 혹은 반 정도의 양이 남아있는 경우가 생길 때 스스로 자연수의 단위를 찾을 수 있게 된다. [생각해보기 1.5]는 [그림 1.7]의 직사각형의 넓이를 측정하기 위한 단위를 결정하는 데에 초점이 맞춰져 있다.

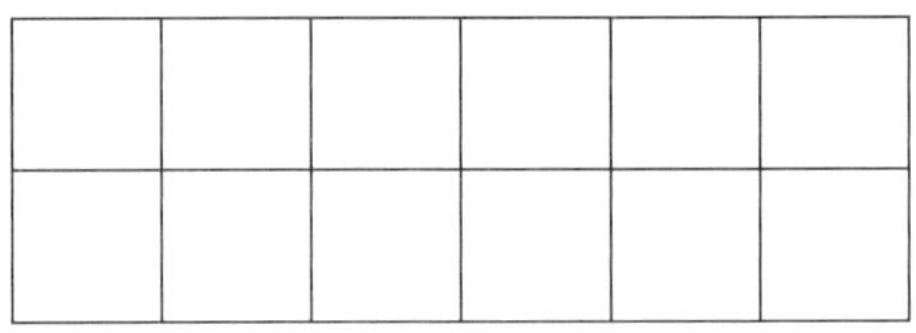

[그림 1.7] 연속적인 상황

생각해보기 1.5

[그림 1.7]에서 넓이를 측정하기 위한 단위를 몇 가지 찾을 수 있는가? 그 단위는 어떤 모양인가? 그 단위들은 서로 어떻게 비교할 수 있는가?

한편, [그림 1.7]에서 넓이를 측정하기 위해 한 개의 작은 정사각형을 단위로 택할 수 있는데 그러면 넓이는 12단위이다. 다른 한편으로 자연수가 되도록 하기 위해서는 2, 3, 4, 6, 혹은 12개의 작은 정사각형을 넓이 단위로 택할 수 있다. 두 개의 작은 정사각형을 한 단위로 사용한다면 전체 넓이는 6단위가 될 것이다.

[그림 1.8]의 블록의 개수를 센다고 가정해 보자. 블록 한 개가 적절한 단위로 보인다. 그러나 블록의 다른 속성들을 고려할 수도 있을 것이다. 예를 들어, 블록의 한 면을 하나의 단위로 생각한다면 그 개수는 36이다.

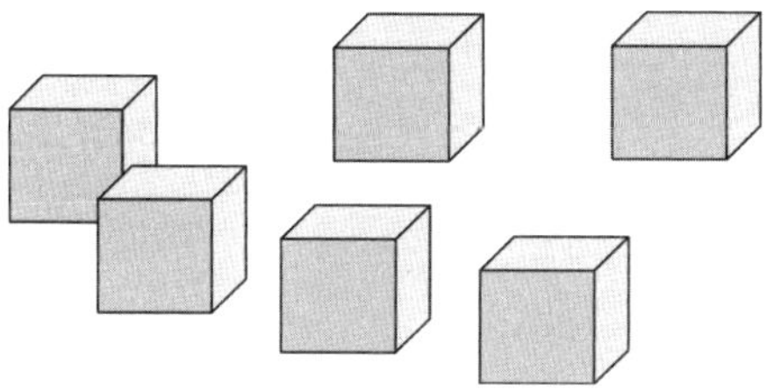

[그림 1.8] 이산적인 상황

다른 단위를 사용하는 것은 어떤 양을 다른 방법으로 셀 수 있도록 해준다. 예를 들어, [그림 1.9]에서 각각의 도형을 하나의 단위로 하여 셀 수 있다. 혹은 삼각형, 사각형, 원의 조합을 하나의 단위로 할 수 있다. 이처럼 단위에 따라 어떤 그룹에 관한 측정치는 다를 수 있다. 첫 번째 경우 도형의 개수는 9이고, 두 번째 경우는 3이다.

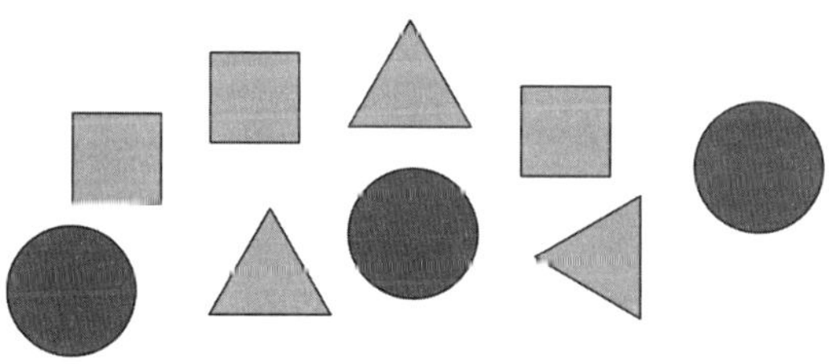

[그림 1.9] 몇 개의 단위인가?

필수 이해 2b

단위의 크기는 한 가지 양을 세거나 재기 위해 그 단위를 반복해야 하는 횟수를 결정한다.

단위에 초점을 둔 수에 대한 이해의 발달은 측정해야 할 양에 대한 단위의 크기의 관계에 대한 통찰을 제공한다(Dougherty, 2008). 예를 들어, 만일 [그림 1.7]의 넓이를 4개의 작은 정사각형 하나의 단위로 측정한다면 결과는 3단위이다. 그러나 만일 6개의 작은 정사각형을 하나의 단위로 한다면 그 측정 결과는 2단위이다. 이처럼 같은 양을 측정하기 위해 사용된 단위들 사이의 관계는 그 양을 측정하기 위해 각 단위가 반복된 횟수에 의해 결정될 수 있다. 단위가 클수록 반복되는 횟수는 적다. 마찬가지로 같은 양을 측정하는 데 작은 단위는 더 큰 단위보다 더 많이 반복될 것이다.

같은 양을 세거나 측정하는 데 사용된 두 단위 사이의 관계를 결정하는 것이 가능하다. 어떤 물체의 그룹을 세어 보니 3단위인데 다른 단위를 적용하여 8단위라고 했다면, 그 그룹을 세거나 측정하는 데 두 번째 단위가 더 많이 요구되므로 두 번째 단위가 첫 번째 단위보다 작음을 추론할 수 있다. 아동들에게는 이 개념 이해의 발달이 중요하다. 왜냐하면 그것이 측정의 내용 요소 전반에 관계되기 때문이다. 예를 들어, 이러한 이해는 같은 길이를 측정할 때 인치[1]보다 적은 수의 야드[2]가 나올 것임을 아동들이 알 수 있게 도와준다. 인치가 더 작은 단위이므로 그 길이를 측정할 때 여러 번 되풀이해야 한다. 이 사실은 우리의 결과를 다른 이들에게 전하길 원한다면 측정할 때 표준 단위를 사용해야 할 필요에 대한 근거이기도 하다. 우리가 걸음으로 밭의 길이를 측정하여 말한다면 우리의 보폭이 얼마나 긴지 정확하게 모르는 사람은 그 밭이 얼마나 긴지 알

1) [역자 주] inch : 길이의 단위로서 1 inch는 약 2.54cm이다.
2) [역자 주] yard : 길이의 단위로서 1 yard는 약 91.4cm이다.

수 없을 것이다. 그러나 우리가 야드나 미터로 측정한다면 사람들은 그 밭에 있지 않아도 우리의 측정 결과가 무엇을 의미하는지 정확하게 알 것이다.

단위를 써서 양을 세거나 측정할 때 우리는 그 양과 단위 사이의 관계를 다른 방법으로 나타낼 수 있다. 예를 들어, 단위 A가 양 K를 측정하기 위해 세 번 사용된다면 K는 K=A+A+A, 혹은 3A=K로 나타낼 수 있다. 첫 번째 식 K=A+A+A에서 단위를 반복하는 행위는 K를 완전히 측정하기 위해 세 번 되풀이 되어지는 단위 A와 함께 기호들과 밀접하게 연관되어 있다. 방정식에 있는 각각의 A는 측정 단위를 한 번 사용한 것을 나타낸다. 이 행위는 K=3A로도 생각할 수 있다. 이때는 양 K로부터 시작하여 단위 A를 써서 양을 측정하는 행위에 맞추려고 양 K를 등호의 왼쪽에 쓴다.

두 번째 식 3A=K는 세 단위를 합하면 K의 양이 되는 것으로 해석할 수 있다. 이 식은 첫 번째 식처럼 A+A+A=K로 나타낼 수 있다. 이 표기에서는 그 양을 만들기 위해 사용된 단위 A를 나타내 보이려고 반복된 표시를 등식의 왼쪽에 둔 것이다.

이런 종류의 덧셈식에 나타난 반복된 행위는 수를 세는 한 가지 방법을 보여준다. 단위 A가 K를 다 잴 때까지 반복되어 세어진다. 예를 들어, [그림 1.7]([생각해보기 1.5]와 연관된)에서 만약 단위 넓이가 3개의 정사각형이라면 전체 넓이를 측정하기 위해서는 네 번 반복해야 할 것이다. 만약 E가 단위 넓이이고 R이 전체 넓이라면, 넓이 전체를 다 덮는 것을 나타내기 위해 R=E+E+E+E 혹은 R=4E로 쓸 수 있다.

4E=R과 같은 곱하기 형태의 식에서는 단위를 반복하여 새로운 양을 만든다. 이 새로운 양의 합성은 어떤 양이 존재하고 이것을 단위로 측정하는 위의 시나리오와는 다르다. 새 양을 합성하는 경우와는 대조적으로 양이 존재하는 것이 아니고 한 가지 단위를 반복하여 양을 만들어낸다. 한 가지 단위는 반복 적용될 때마다 세어진다. 만약 4E=R이라고 썼다면 E라는 단

위를 네 번 반복한 것을 의미할 수 있다. 측정을 기호로 어떻게 나타내느냐에 따라 E+E+E+E=R과 같은 식으로 나타낼 수 있다. 이처럼 세는 행위와 기호로 표현하는 것 사이에는 긴밀한 연관성이 있다.

만일 측정한 결과의 수치만 알고 있다면 두 양 사이의 관계를 결정할 수 있을까? 두 양의 측정 수치가 같은 [생각해보기 1.6]의 경우를 생각하여 보라.

생각해보기 1.6

한 양을 측정한 결과 8이고 다른 양을 측정한 결과가 8이라면, 이 두 양에 대해 무엇을 말할 수 있을까?

많은 사람들이 [생각해보기 1.6]에 나온 두 양은 같다고 할 수 있을 것이다. 두 양이 같지 않을 수 있을까? 우리는 종종 두 수치적인 양이 각각의 단위 수를 세어 얻는 숫자의 크기만으로 비교할 수 있다고 가정하곤 한다. 예를 들어, 아동들에게 3과 8을 비교하라고 할 때 기대하는 바는 3이 8보다 작다고 말하는 것이다. 이 과제에는 측정과 셈에서 두 수를 비교하려면 그것들이 같은 크기의 단위에 의해 나타내어진 것이라는 개념적 이해가 내포되어 있다. 만약 그렇지 않다면 비교하는 것은 거의 말이 되지 않는다. 이러한 가정이 없이는 어떤 양을 나타내는 두 수를 비교하는 것은 불가능할 것이다.

예를 들어, 어떤 미식축구장의 길이(100)는 야드로, 한 축구장의 길이(95)는 미터로 측정되었다면, 어느 곳이 더 긴지 비교하기 위해 100과 95라는 두 수만 비교한다면 적합하지 않다. 그와는 반대로 두 집합 안에 얼마나 많은 물체가 있는지를 나타내는 수를 비교할 때, 물체들의 크기나 모양이 각각 다를 수 있다. 예를 들어, 한 집합에는 세 마리의 쥐가 있고 다른 집합에는 두 마리의 코끼리가 있다면 우리는 쥐의 수가 코끼리의 수보다 많다고 할 수 있다.

저학년 아동들은 종종 수치나 기호로 된 정보 외에 어떤 물체의 집합인지 등과 같은 다른 정보가 없는 채로 3과 8과 같은 수를 비교하라는 요구를 받는다. 그런 과제를 수행하기 위해 어린 아동들이 사용하는 가장 기본적인 도구는 수직선이다. 많은 아동들은 수직선을 단순히 점이나 눈금이 표시된 선으로 보지만 수직선은 길이 단위들이 나열된 것으로 볼 수 있다. 수직선을 구성하는 단위들은 동일한 크기이거나 같기 때문에 수의 비교가 가능하다.

수직선 상의 두 수를 비교하는 것은 길이를 비교하는 것으로 생각할 수 있다. 예를 들어, 수직선의 2는 0으로부터 두 단위 길이이다. 마찬가지로 수직선 상의 6은 0으로부터 여섯 단위 길이이다. 여섯 단위 길이의 선분은 두 단위인 것보다 길다. 따라서 6은 2보다 크다([그림 1.10] 참고). 0으로부터 거리로 측정한 길이를 사용하여 양수를 비교하는 것은 아동들이 수의 발달 시작 단계에서 양을 직접 비교하는 것과 밀접한 연관이 있다. 길이로 경험한 것은 그들이 수직선을 더 깊은 의미를 갖는 방식으로 사용할 수 있도록 돕는다.

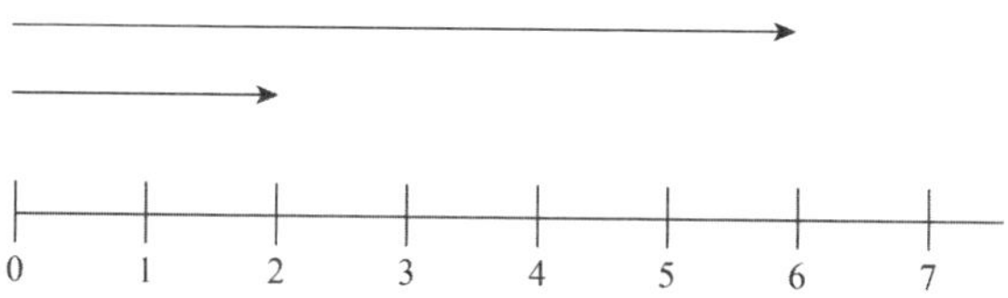

[그림 1.10] 2와 6을 0에서부터의 거리로 수직선에 나타내기

풍부한 개념적 배경이 있을 때 아동들은 어려서부터 수들 사이의 관계에 대한 일반화와 같은 훨씬 더 복잡한 수 아이디어를 탐구할 수 있다. 수직선은 같은 크기의 단위들로 이루어져 있으므로, 특정한 수를 사용하지 않을 때에도 일반화가 가능하다(저학년 아동들이 변수를 가지고 추론할 수 있다는 것은 주목할 만하다(Dougherty, 2008).) 만일 수직선 상의 어느 한 점을 선택하여 n이라고 하면, $n+1$은 오른쪽으로 한 단위 떨어진 점이다. 만일 n이 수직선 상의 임의의 한 점이라면 $n-2$는 왼쪽으로 두 단위 떨어진 점이다. 학생들은 n이 어느 것을 나타내는지 몰라도 [그림 1.10]에 있는 수직선으로 $n+1$

과 $n-1$로 나타난 두 양을 비교할 것이다. n이 1과 같거나 더 크다고 할 때 $n+3$이 $n-1$보다 0에서 더 멀기 때문에 더 크다고 결론을 내릴 수 있을 것이다.

필수 이해 2c

수로 표현된 양은 부분-전체의 관계로 분해(또는 결합)될 수 있다.

앞 절에서는 수에 대하여 논의하는 데 이산량과 연속량을 둘 다 사용했다. 두 종류의 양을 모두 생각하는 게 수에 대한 좀 더 완전한 기초를 형성하는 데 필요하다. 두 가지 양을 다 경험해 봄으로써 아동들은 분해하거나 새로운 양을 만들 수 있다.

9개의 블록으로 이루어진 그룹을 학생들은 각각의 블록으로 분해할 수 있다. 한편 이는 1개의 블록으로 이루어진 그룹이 아홉 개임을 의미한다. 이러한 같은 크기의 그룹들은 블록 전체를 세는 한 가지 방법을 제공한다.

그러나 9개의 블록으로 이루어진 그룹을 서로 다른 크기의 그룹으로 나눌 수 있다. 예를 들어, 9개를 다음과 같이 생각할 수 있다.

- 5개 블록의 그룹과 4개 블록의 그룹
- 3개 블록의 그룹과 6개 블록의 그룹
- 2개 블록의 그룹과 7개 블록의 그룹
- 1개 블록의 그룹과 8개 블록의 그룹
- 0개 블록의 그룹과 9개 블록의 그룹

분해를 모델링하면 $9=5+4$ 혹은 $9=2+7$과 같은 방정식으로 나타낼 수 있다. 방정식에서 그룹에 있는 전체 수를 먼저 쓰는 것이 분해하는 행위를 더 잘 모델화한다. 또한, 그것은 등호가 양변의 양이 같음을 의미함을 강조해준다. 앞의 여러

절에서 넓이의 연속적인 양이 어떻게 합성되거나 분해되는지를 논의했고, 그러한 체험은 학생들로 하여금 이산적인 양이나 순수하게 수로 된 상황에 적용할 수 있는 능력을 신장할 수 있다.

한편, 학생들은 블록과 같은 이산적인 단위로 학습한 다음 그것을 사용하여 어떤 그룹을 구성하거나 만들어 낼 수도 있다. 3개의 블록을 한 그룹에 넣고, 6개는 다른 그룹으로 할 수 있을 것이다. 두 그룹을 합하여 9개의 블록으로 된 한 그룹을 만든다. 이렇게 합성하는 행위는 3+6=9로 모델화할 수 있다.

학생들은 넓이나 길이와 같이 연속적인 양을 비슷한 방식으로 분해하거나 합성할 수 있다(예를 들어, A로 K를 측정하기 위해 반복해서 사용할 때 A+A+A=K이다). 이산량과 연속량 두 가지 상황을 사용함으로써, 아농들은 수에 대해 더 큰 유연성을 개발하고, 부분과 전체의 관계를 이해하게 되며 이로써 계산의 다른 알고리즘을 이해하고 개발하는 데까지 나아갈 수 있게 된다.

핵심 아이디어 3

의미 있는 수 세기

Big idea

의미 있는 수 세기는 배열, 순서, 일대일대응, 서수, 기수 등과 같은 수와 집합의 다양한 면들을 통합시켜준다.

수 세기는 수와 집합의 다양한 측면들을 함께 생각하게 되기도 하고 이것들에 의존하게 되기도 한다. 수 세기가 무엇인지 그리고 수 세기가 초등교육 수준에서 어떤 것이어야 하는지를 결정하는 개념들과 그 관계들을 더 깊이 조사해보는 것은 유용하다.

의미 있는 수 세기의 특징들은 무엇인가? 이 특징들을 구분하기 위해 [생각해보기 1.7]에 있는 아동의 초기 수 세기의 사례를 검토해보자.

생각해보기 1.7

루이스가 3살 때 가장 좋아한 수는 3이었다. 어느 날 4개의 물건이 있는 것을 가리키며 "세 개가 있다"라고 말하였다. 그의 아버지가 "어떻게 알 수 있지?" 하고 물었다. 루이스는 물건들을 하나씩 가리키며 "하나, 둘, 셋~"하고 세었다. 그는 망설이며 몇 초 멈추었다가 다시 세었다. "하나, 둘, 넷, 셋!"
루이스가 보여준 그가 이해하고 있는 수 세기의 원리는 무엇인가? 그는 수 세기의 어떤 원리를 습득하려고 애쓰고 있는가?

필수 이해 3a

자연수에 내재된 순서와 합성하여 수를 세는 단어(이하 수사[3]))의 배열은 수 세기의 기초로 사용될 수 있다.

수 배열은 순서를 부여하는 것으로 생각될 수 있다. 순서를 부여하는 개념은 행동의 순서를 인식하는 것과 연관이 있으며 아주 초기에 발달할 수 있다. 예를 들어, 양말을 신발보다 먼저 신어야 함을 시행착오를 통하여 인식하는 것이 행동의 순서를 인식하는 것의 하나의 예이다.

수 배열을 기억하는 능력 또한, 아주 초기에 발달한다. 아동들이 자주 외우는 수열의 예로는 알파벳과 "반짝반짝 작은 별"과 같은 노래들이 있다. 각각의 요소 혹은 단어들이 무엇을 의미하는지 늘 알지 못해도 이 나열된 단어들을 순서대로 외우는 것이 가능하다. [생각해보기 1.8]은 이 사실에 주의를 환기시킨다.

생각해보기 1.8

"반짝 반짝 작은 별" 노래를 생각해 보라. 노래의 끝부분에서 시작해서 앞부분으로 가사의 각 단어를 말하려고 해 보라.

사실 시작이 아닌 다른 부분에서 수 배열을 외우기 원한다면 각 요소나 단어의 의미를 알아야 할 필요는 없다. "반짝 반짝 작은 별" 노래의 가사를 끝에서부터 시작하는 것보다 처음부터 끝까지 암송하는 것이 훨씬 쉬움을 발견하였을 것이다.

수학과 관련하여 우리가 가장 초기에 배우는 나열하기 중의 하나는 수사의 나열하기이다. 수사의 나열하기는 우리[4] 문화

3) [역자 주] 영어의 number-word는 한국어 문법에서는 수사(數詞)라고 하며 양수사와 서수사로 분류된다.

4) [역자 주] 여기서 우리는 미국을 가리키나 우리(대한민국)의 경우도 마찬가지라고 하겠다.

속에 널리 스며 있고 수학적 그리고 비 수학적인 여러 가지 상황에서 유용하다. 우리에게 어려운 일은 단어들의 단순한 나열로부터 수학을 하기 위한 개념적 도구로 수 배열을 변환시키는 것이다.

수사의 나열하기를 말할 때 기계적으로 암기하는 것보다는 각 요소가 실제로 무엇을 의미하는지 인식하는 것이 중요하다. 수사의 나열에서 각 단어의 의미를 이해하는 것은 왜 단어들의 순서가 의미가 있는지 볼 수 있게 해 준다. 수 세기에 익숙해짐에 따라 아동들은 배열의 중간에서 시작해서 – 말하자면 5에서 – 세어 나가는 것이 항상 1에서부터 시작하는 것보다 더 쉬움을 발견한다. 이렇듯 좀 더 세련된 수 세기는 배열에 있는 각 수사가 앞의 수보다 배열에서 하나 더 많은 수를 의미하는 것으로 이해했음을 반영한다. 이제 기계적인 수 세기가 의미와 유연성을 가진 수 세기로 변하여 수사의 나열이 더하기와 빼기 문제를 푸는 일차적인 지적 도구로 한 단계 진보하게 된 것이다.

필수 이해 3b

수 세기는 집합에 들어 있는 대상의 종류나 그 대상을 세는 순서에 관계없이 일대일대응을 포함한다.

수사와 대상 사이의 일대일대응을 시키는 것은 수 세기의 중요한 요소이다. 어린 아동이 센 물건을 손으로 가볍게 두드리고 지나가는 것은 수 세기에서 일대일대응의 원리를 상기시켜준다. 수 배열이란 필수 이해 3a에서 언급했듯이, 수사와 세고자 하는 대상을 일대일로 대응시키기 위해 필요한 하나의 기능이다.

일대일대응을 시키는 과정에 있어서 집합 내의 대상의 종류나 크기는 상관이 없다. 예를 들어, 서로 다른 색의 칩(그림 1.11 참조)이 한 묶음으로 분류되어 있고 이 묶음 안의 모든 칩을 센다고 하자. 칩의 색깔이 다르더라도 그들은 모두 하나의 칩이다. 이와 같은 수 세기는 대상들이 어떤 식으로든 암묵적으로 관련 있어 보일 때 더 자연스러워 보인다.

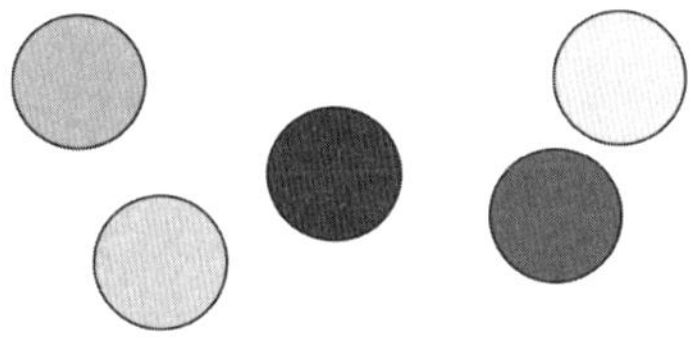

[그림 1.11] 한 집합으로 셀 수 있는 서로 다른 색의 칩들

수 세기는 [그림 1.12]에 있는 과일들처럼 그 관계가 개념적일 때 더 어려워진다. 분명히 각 대상은 과일이지만 크기, 색, 모양이 다르다. 이 묶음을 세려면 서로 다른 점은 제외하고 과일들의 묶음임을 개념적으로 이해해야 한다.

[그림 1.12] 한 집합으로 셀 수 있는 서로 다른 과일들

우리가 일대일대응을 유지하는 한 다른 순서로 한 묶음 안의 대상들을 셀 수 있다. 셀 수 있는 대상을 일대일대응을 시킬 때 사용하는 수사의 수열은 특정한 순서가 유지되어야 하지만 대상들 자체에 특정한 순서가 있을 필요는 없다. 집계한 총합은 원소들이 어떻게 놓여 있거나 배열되든지에 상관없이 변하지 않는다는 사실은 보존의 관념을 반영한다. 하지만 어떤 대상을 마지막으로 세든지 그 마지막 수사가 그 묶음 안의 대상들의 총수를 나타냄을 인식하는 것은 중요하다. [생각해보기 1.7]에서 루이스의 수 세기는 마지막 수가 대상들의 총수라는 아이디어를 이해하고 있음을 보여준다. 흥미로운 사실은 실제 루이스는 네 개를 세었음에도 불구하고 마지막에 세 개라고 말했다는 점이다.

필수 이해 3c

수 세기는 대상들의 집합에 대한 기수와 서수[5])를 포함한다.

기수는 크기, 색 심지어 순서와도 무관한 강력한 개념이다. 그러므로 기수를 이해함에 있어서 일단 단위가 하나 정해지면 셀 수 있는 집합에 대해 "몇 개"라는 질문의 답은 하나뿐이다. 마지막 수가 총수로서 같은 집합이 다르게 배열되더라도 다시 셀 필요가 없다.

본질적으로 한 집합의 기수는 수치적인 양과 그 아래에 깔려 있는 관념, 즉 대상들의 묶음이 정확히 그만큼 많은 원소를 가진 그룹이라는 개념을 표현해준다(Payne and Huinker, 1993). 심지어 어린 아동들도 세지 않고 작은 집합의 기수를 결정할 수 있다. 특정한 그룹이나 대상들의 배열과 익숙해지면 하나, 둘, 셋, 네 개의 대상들이 있음을 아는 것이 가능해진다.

한 묶음의 대상들을 놓인 순서 이외의 차이는 고려하지 않고 순서대로 나열하는 것은 순서적 배열이라고 불린다(Piaget, 1997). 순서적 배열에서 각 원소는 그 집합 내의 다른 원소와 같이 한 단위로 간주된다. 그 집합의 한 원소와 다른 원소 사이의 차이는 오직 순서상의 위치 혹은 놓인 자리이다. 이처럼 한 원소를 n이라고 할 때 $n+1$이란 원소는 n 다음에(n이 순서상 마지막 원소가 아닌 한) 오고, 원소 n은 $n-1$개의 원소 다음에 온다.

대상들의 집합에서 각 위치 자체가 수이고 그 수는 속해 있는 전체 묶음 속에서 분리될 수 없다. 때로는 순서를 기수 값에 따라 조정하고 동시에 두 가지를 다 염두에 두는 게 중요하다. 때로는 기수 값만 생각하고 위치를 잊어버리거나 위치에만 집중하고 기수에 대해 잊어버릴 수 있다. 예를 들어, 대상들의 총수에만 관심이 있다면 각 항목의 위치는 상관이 없다. 그러나 만일 어떤 항목들, 예를 들어, 높이와 부피가 다른 병

5) [역자 주] 집합 수와 순서 수

들은 그들의 위치가 크기에 따른 관계를 나타내도록 배열될 수 있다. 이 경우 순서를 나타내는 위치는 총수에만 관심이 있는 사람에게는 존재하지 않는 의미를 갖게 된다.

또한, 순서와 기수를 조정하는 것은 새로운 수량들이 만들어질 때 이전 수량이나 수량들을 끼워 넣는다는 사실을 드러나게 한다. 예를 들어, [그림 1.13]은 넷을 나타내는 새로운 묶음의 부분으로서 셋의 묶음을 보여준다. 그러므로 한 수의 다음에 오는 수와 묶음에 하나를 더하는 것 사이에 관계가 있다. 이처럼 수사의 나열은 집합의 위계적으로 포함된 수열을 형성한다.

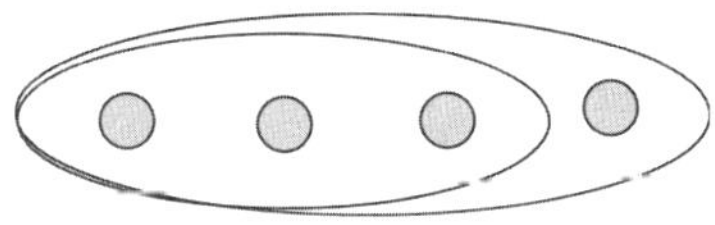

[그림 1.13] 셋이란 양은 넷이란 양의 일부분이다.

필수 이해 3d

수 세기의 전략은 수들의 순서와 위계적 포함 관계에 기초한다.

수를 더 깊이 이해하는 것은 나중을 위해 튼튼한 기초를 쌓는 것을 도울 뿐 아니라 수 세기의 전략을 이해하고 바르게 이행하는 데 필요한 배경적 지식을 제공하는 것을 돕는다. [생각해보기 1.9]에서 세어 올라가는 것과 세어 내려가는 전략의 개념적 기초를 탐구해보자.

생각해보기 1.9

세어 올라가는 것과 세어 내려가는 전략들은 양들의 합성 및 분해와 어떤 관련이 있는가?

바로 뒤에 오는 수와, 앞에 있는 수에 하나를 더하는 것 사이의 연계는 중요하다. 앞에 있는 수는 새로운 수 2+1=3, 3+1=4, 4+1=5 안에 포함되어 있다. 피아제(Piaget, 1997)는 이를 위계적 포함 관계라고 설명한다. 이 포함관계를 확장한 것의 하나가 앞서 논의한 부분-부분-전체의 개념이다. 예를 들면, 더하기 3+4=7은 7이 전체이고 3과 4는 7의 부분임을 보여준다. 즉, 3과 4는 둘 다 7에 포함되어 있다

또 하나의 중요한 연계는 숫자의 수열에서 더 큰 것과 추가적인 원소를 갖는다는 의미에서의 더 큰 것 사이의 관계이다. 한편으로는 수 배열에서 5는 3의 다음에 오기 때문에 5는 3보다 더 크다. 또 다른 한편으로는 5를 얻기 위해 3에 2를 더해야 하기 때문에 혹은 3을 얻기 위해 5에서 2를 빼내어야 하기에 5는 3보다 더 크다. 더하기와 빼기 문제를 풀기 위한 수 세기의 전략은 위계적 포함 관계의 개념에 근거를 둔다.

순서와 위계적 포함 관계의 개념들은 세어 올라가는 것(예를 들어 1, 2, 3)과 세어 내려가는 것(예를 들어 3, 2, 1)과 같은 전략에 큰 영향을 미친다. 원소들이 더해지거나 이미 세어 놓은 집합에서 원소들이 빠질 때 이러한 전략들을 사용하면 수 세기의 효율성을 증가시킬 수 있다. 더하기는 특정 수량으로 시작해서 혹은 수 배열의 특정한 위치에서 시작하여 세어 올라가는 것으로 해석할 수 있기 때문에 이 전략들은 계산과도 연결되어질 수 있다. 세어 올라가는 전략은 감추어진 가수(加數)를 찾는 것으로, 빼기를 생각할 때 뺄셈 문제를 푸는 데에도 사용될 수 있다. 빼기를 덜어 내기로 생각할 때 빼기와 세어 내려가는 과정을 연결시킬 수 있다.

핵심 아이디어 4

추상적 개념의 수

수는 추상적인 개념이다.

Big idea

수에 대한 감각의 발달과 함께 양을 비교하고 단위를 사용하고 수 세기를 하는 것 등에 대한 이해가 깊어지는 것은 수에 대한 더 추상적이고 일반적인 개념들을 위한 기초를 제공한다. 결과적으로 추상적 개념으로서 수에 대해 생각하는 것은 앞의 개념들을 더 이해하게 해준다.

필수 이해 4a

수사의 배열에서 패턴은 추상적인 수 개념의 기초를 제공한다.

단어든 기호든 수 배열은 수의 추상적인 개념이 발달하는 데에 중요한 역할을 한다. 수의 개념을 획득하는 결정적인 단계는 처음에는 단어에서, 나중에는 써 놓은 기호에서 규칙성과 규칙을 발견하는 것이다. 아동들은 첫 수사들을 암기하고 나면 그 다음에는 규칙을 사용하여 어떤 수에서든 그 다음 수로 넘어갈 수 있다.

수 배열의 이름과 그 순서를 암기하는 것은 쉽지 않다. 영어로는 처음 열둘까지는 아무런 패턴이 없다. 십삼부터는 한 종류의 규칙이 등장한다. 십삼(thirteen), 십사(fourteen), 십오(fifteen) – 그리고 그 다음 십육(sixteen)부터는 대개 패턴이 명백해진다. 영어에서는 이십 이후에 안정적인 규칙성이 나타난다. 이십 – 일(twenty – one), 이십 – 이(twenty two), …, 이십 – 구(twenty – nine). 같은 원칙이 그 다음에 오는 모든 십 단위를 지배한다. 다른 언어들에서는 기수사의 규칙성이 일찍(예를 들어, 십 이후) 시작될 수도 있다. 예를 들어, 중국어에서는 10을 나타내는 단어는 shi(十, 십)이다. 십일부터 시작해서 십은 모든 기수사의 첫 음절로서 십과 어떤 수임을 의미한다. 11은 십일, 10과 1, 12는 십이, 10과 2 등이다.

아동들이 수 세기를 시작할 때 10 단위의 변화는 종종 어렵다. 29나 39와 같은 수에 도달한 후 그 다음 십 단위로 넘어갈 때 조언이 필요할지도 모른다. 또한, 그들은 십 단위의 단어들도 외워야 한다. 영어에서는 60까지 셀 수 있게 되면 패턴이 아동들에게 대개 규칙적이고 명료해진다. 백씩 세면 그 패턴은 더욱더 명료해진다. 예를 들면 일백(one hundred), 이백(two hundred), 삼백(three hundred), … 각 수 다음에 오는 수가 있다. "그 다음에 무엇이 오는가?"하는 질문이 아주 자연스럽게 일어난다. 그 다음에 오는 수를 발견하는 과정을 거꾸로 하면 어떤 수의 앞에 있는 수가 나온다. 그리고 이 과정은 거꾸로 세는 것의 기초를 형성한다.

이러한 규칙성과 규칙은 아동들이 5세 무렵에 더 잘 이해하게 된다. 그리고 그들은 수 세기에 놀랄 만큼 능숙해진다. 다음의 일화는 말을 이용해 수 세기의 패턴을 막 발견한 어린 아동을 보여 준다.

"이제 나는 끝없이 셀 수 있다!"
5살 된 유치원생 릴리안이 소리쳤다.
"그게 무슨 뜻이지?"
그녀의 할머니가 질문하셨다.
"처음 몇 개를 배우고 나면 그걸 계속 말하면 되어요."
라면서 릴리안이 예를 들어 보였다.
"이십－일, 이십－이, …, 이십－구."
그리고는 멈추었다.
"'이십－십'을 뭐라고 하는지 자꾸 잊어버려요."
"삼십(thirty),"
할머니가 도와주셨다. 릴리안은 계속 설명했다.

"다른 것들은 쉬워요. 삼십, 사십, 오십[6], 육십, 칠십, 팔십, 구십. 그 다음은 십십(tenty)이어야 하지만 백이라고 불러요!"

"백 다음은?

할머니가 물으셨다.

"처음부터 다시 해요. 백일, 백이, 백삼 …"

(Joan R. Leitzel과의 개별 서신 교환에서, 2006. 11. 2)

필수 이해 4b

수의 배열은 무한하다.

위 삽화에서 릴리안이 한 것처럼 숫자 말하기와 쓰기에 규칙성을 발견한 후에는 갑자기 무한정 계속되는 수열 전체를 이해하게 되는 아동들이 있다(Freudenthal, 1973, p.70). 만일 우리가 어떤 수까지 세거나 쓸 수 있다면 우리는 그 다음 수 또한, 세거나 쓸 수 있다. 이것이 우리로 하여금 우리가 원하는 만큼 많이 셀 수 있게 하며 우리가 필요한 만큼 많은 수를 가질 수 있게 해주는 기술이기도 하다. 우리는 우리가 원하는 큰 수를 찾을 수 있고 어떤 목적으로든 필요한 만큼 많은 수를 가질 수 있다. 이러한 인식과 함께 우리는 수 배열은 끝이 없음을 안다. 비록 우리가 어떤 수에서 세는 것을 멈춰야 할지라도 수의 수열은 한계가 없다. 이러한 사실에 의거하여 [생각해보기 1.10]에 나오는 아동의 진술과 질문을 생각하여 보자.

생각해보기 1.10

코트니는 선생님께 "저는 가장 큰 숫자를 알아요."라고 말씀드렸다. 만일 당신이 그녀의 선생님이었다면 당신은 코트니에게 무엇이라고 하겠습니까?

6) [역자 주] 사십은 forty, 오십은 fifty이지만 릴리안은 규칙을 적용하여 fourty, fivety라고 하였다.

코트니의 말에 대한 반응으로 그 교사는 코트니에게 그녀가 아는 가장 큰 수를 말해보라고 하고는 그 다음 수를 말하라고 할 수도 있다. 만일 코트니가 수 세기의 패턴과 구조를 일반화했다면 그녀는 바로 그녀가 어떤 수를 말하는 순간 누군가가 하나 더 큰 수를 찾을 수 있다는 것을 알아차리게 될 것이다.

필수 이해 4c

☞ 수를 나타내는 기호는 추상적인 사고 대상의 표현이다.

만일 우리가 오렌지 한 묶음을 센다면, 예를 들어, 오렌지 7개를 갖고 있다고 말할 것이다. 영어 표현에서는 7이 오렌지 앞에 붙어서 이 오렌지의 집합을 묘사하는 형용사로 작동한다. 그러나 우리가 기호를 사용하기 시작하면 기호들은 수 개념 형성에 중요한 역할을 한다. 특정한 대상을 언급하지 않은 채 2와 같은 추상적인 기호(숫자 2)를 사용하면 수량과는 무관한 추상적인 표현으로 옮겨간다. 숫자 2는 고양이 두 마리, 신발 두 짝, 2미터 등과 같은 말들을 생각하게 하기보다는 사고의 대상 자체를 나타낼 수 있다.

어떤 양과 특정한 관련이 없는 기호적 표현으로의 추이는 수를 어떤 그룹이나 집합의 속성으로만 생각하는 것 이상의 수준에서 다루게 한다. 이제 수는 그 해당되는 숫자에 의해 기호화된 개념이 된다.

핵심 아이디어 5

십진법의 위치적 기수 체계

Big idea

십진법의 위치적 기수 체계는 수를 표기하는 데 효율적인 방법이다.

우리가 수를 쓸 때 사용하는 인도－아라비아 수 체계는 대단히 효율적이고 우리는 거기에 아주 익숙해져 있어서 그것이 자연스럽고 쉬운 체계라고 생각하는 경향이 있다. 때로는 그 복잡성을 경험하여 이해하려면 시간과 다양한 기회들이 필요하다는 사실을 잊곤 한다. 인도－아라비아 수 체계의 어떤 특징들, 예를 들어 열씩 묶는 것이나 자릿값 등은 중요하다. 하지만 이런 속성들은 우리에게 매우 익숙하긴 해도 자연스럽지는 않다. 사람들이 개발한 모든 수 체계가 다 그것을 사용하는 것도 아니다. 로마 수 체계처럼 어떤 수 체계들은 아라비아 숫자가 아닌 기호들을 사용한다.

필수 이해 5a

10개의 서로 다른 아라비아 숫자들을 사용하거나 나열하면 어떤 자연수도 표현할 수 있다.

임의의 자연수를 나타내기 위해 10개의 서로 다른 아라비아 숫자(0, 1, 2, 3, 4, 5, 6, 7, 8, 9)만 있으면 된다. 어떤 자연수이든 혹은 그 크기가 어떻든 이 기호들만 사용해서 나타낼 수 있다. 열 개의 숫자 각각은 그 숫자가 한 특정 단위 몇 개를 나타내는지를 말해준다. 열 개가 다 차면 10에 있는 것처럼 영을 나타내는 기호가 등장한다. 수 배열 1, 2, …, 8, 9가 각 자리에 같은 순서로 따라온다. 십의 자리의 수 배열은 10, 20, 30, …이고 백의 자리도 100, 200, 300, …으로서 유사하다.

같은 종류의 반복되는 패턴들이 수사의 배열을 말로 쓸 때처럼 나타난다. 그러나 말로 쓴 것보다 좀 더 규칙적이고 알아보기 쉽다. 학습 초기에는 대개 처음 열 개의 숫자를 순서대로 쓴다. 예를 들면 1, 2, 3, …, 9, 10과 같다. 그 다음엔 모두 1로 시작하고 두 번째 숫자가 이전과 같은 방법으로 변한다는 것을 학습한다. 즉, 11, 12, 13, …, 20과 같다. 다음에는 21, 22, …처럼 패턴이 같은 방법으로 계속 된다. 일단 9로 끝나는 수에 도달하면 그 자리는 0으로 바꾸고 왼쪽에 한 자리를 올린다. 이는 28, 29, 30, 31, …와 같다. 자릿값에 대한 이해가 완전히 발달하기 전에 혹은 심지어 23=20+3임을 인식하기 이전에 이 패턴을 알아보게 되는 게 가능하다.

나중에 우리는 이 패턴을 100보다 큰 수에도 확장할 수 있게 된다. 이때에는 1과 0으로 시작하고 이전 경우처럼 마지막 숫자가 변한다. 즉, 101, 102, …, 109이다. 110에서 마지막 두 자리는 110, 111, 112, …와 같이 두 자리 숫자와 같은 패턴을 따른다. 이런 규칙들을 학습한 다음 어떤 수가 주어져도 이 기호들과 관련된 패턴을 사용하여 그 다음 수를 구할 수 있다. 이 기호들을 쓰면 새로운 수의 명칭을 알아야 할 필요는 없다.

이렇게 수를 쓰는 시스템을 사용하면 다른 개념 형성을 촉진할 수 있다. 그 예로는 대단히 많은 수량이라고 해도 유한하다는 것을 들 수 있다. [생각해보기 1.11]은 이 아이디어를 생각해보도록 장려한다.

생각해보기 1.11

일상용어에서는 종종 무한하다는 용어가 매우 크기는 해도 실제로는 유한한 것을 의미하는데 쓰인다. 이런 의미로 무한하다는 말을 사용하는 보기에는 어떤 것이 있을까?

앞에서 논의한 것처럼 십진법의 자릿값 체계는 오직 열 개의 기호만 사용하여 어떤 수든 쓸 수 있게 하며 매우 큰 수를 나타낼 수 있는 좋은 방법이다. 예를 들어, 하루에 뉴욕시에 떨어지는 빗방울 수에 대해 논의할 때 한 유치원 아동이 칠판에 다음과 같이 썼다.

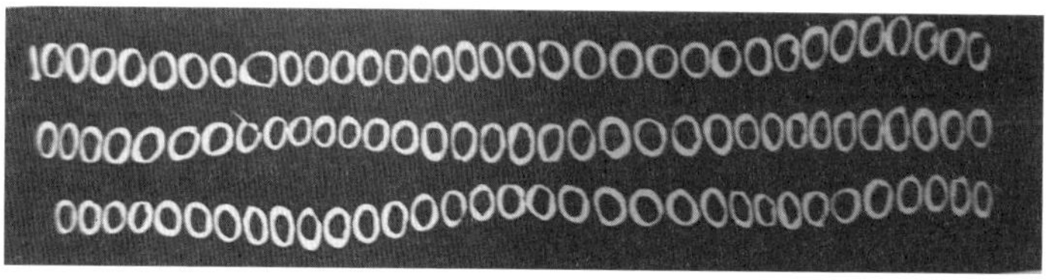

그 아동은 1 다음에 0을 백 개 썼다(Kasner and Newman, 1967). 사실 이 수는 1년간 온 세계에 떨어지는 물방울 수보다 훨씬 더 크며 당연히 뉴욕시에 하루에 떨어지는 물방울 수보다도 훨씬 크다. 이 수는 세상에 있는 모든 해안에 있는 모래알 수 혹은 모든 나라에 통용되는 돈의 전체 액수보다도 크다. 그러나 이 일화는 비록 그 수가 크긴 하지만 어린 아동이 감지한 빗방울 수를 표현하기 위해 자릿값을 사용할 수 있음을 보여준다.

필수 이해 5b

십진기수법 체계는 앞의 자릿값 단위를 10씩 묶음으로 새로운 자릿값 단위를 형성해 주며, 이 과정은 보다 큰 자릿값 단위를 얻는 데도 반복된다.

우리는 수를 쓸 때 항상 열씩 묶었다. 대상을 열씩 묶는 것이 항상 자연스럽지만은 않아서 어려움도 있다. 때로는 둘씩 혹은 다섯씩과 같이 더 작은 수량으로 묶기도 하므로 아동들이 어릴수록 대상을 열씩 묶거나 그룹으로 나눈 다음 열씩 세는 기회를 충분히 가져야 할 필요가 있다. 또한, 어린 아동들은 수량을 분해할 때 열씩 묶인 것을 풀 기회들을 가질 필요가 있다. 장난감 블록처럼 쉽게 한 그룹으로 만들거나 해체할 수 있는 것들은 아동들이 열 개의 묶음을 하나로 볼 수도 있고 열 개의 낱개로 된 블록으로 볼 수도 있는 것을 이해하는 데 도움이 된다(그림 1.14 참고).

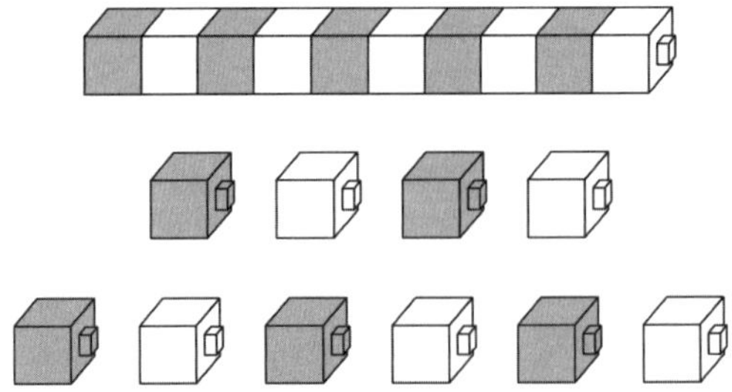

[그림 1.14] 연결하거나 분리하여 열 개가 하나 혹은 낱개로 열 단위임을 보여줄 수 있다.

열씩 세는 것은 이해하기 쉬운 과정은 아니다. 아동들은 심지어 자기들이 직접 열 개의 대상을 하나로 묶은 것일지라도 열 개의 묶음을 하나의 대상으로 생각할 수 있다. 예를 들어, 한 그룹의 유치원생과 1학년 학생들이 열 개씩 묶은 것을 셀 때 열씩 건너뛰어 세다가 일단 100에 도달하면 그 묶음이 10을 나타나는 것은 잊어버리고 "80, 90, 100, 101, 102, …"로 세었다(Cameron, Hersch, and Fosnot, 2004).

양을 합성하고 분해하는 가운데 발달하는 유연성은 십을 기반으로 하는 단위와 자릿값의 이해에 영향을 미친다. 핵심은 자릿값이 그 위치에 따라 한 단위 혹은 1의 더 큰 단위에 대한 비례적인 관계로 생각될 수 있다는 것이다. 십 기반 또는 십진법에서 십의 자리의 단위는 열 단위 혹은 열 개의 1을 합할 때 만들어진다. 마찬가지로 백의 자리의 단위의 크기도 십을 열 개 합한 것이다. 이처럼 한 단위를 열 개 가지게 되면 이를 묶어서 새로운 한 단위를 만든다. 그리고 새로운 단위 열 개는 또 다른 새로운 단위로 생각한다.

단위(일) 열 개=십, $10 \times 1 = 10$
십이 열 개=백, $10 \times 10 = 100$
백이 열 개=천, $100 \times 10 = 1000$

단위들 사이에서 앞뒤로 오가며, 예를 들어 100을 십 10개와 일(단위) 100개로 동시에 생각할 수 있으려면 시간이 좀 걸린다.

종종 십진법 개념과 그 자릿값을 체험할 수 있게 사용하는 구체적 조작 교구는 십진 블록이다(그림 1.15 참고). 십진 블록으로 작업하면 낱개(일 단위)가 열 개이면 막대(십 단위)를 만들고 막대 열 개는 판(백 단위)을 만들고 판 열 개는 큐브(천 단위)를 만든다. [생각해보기 1.12]에서는 한 학생이 십진 블록을 사용하여 수를 나타내는 것을 탐구한다.

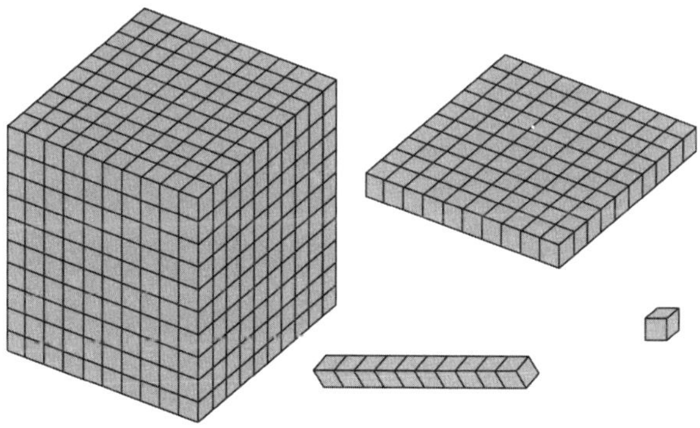

[그림 1.15] 큐브(1000), 판(100), 막대(10), 낱개(1)를 보여주는 십진 블록들

생각해보기 1.12

스코트는 "나는 십진 블록으로 125를 나타내는 다섯 가지 방법을 찾았다"라고 하였다. 스코트가 찾았을 다섯 가지 방법을 생각하여 보라. 그 방법들이 어떻게 스코트의 더하기 개념 발달을 뒷받침하는가?

십진 블록으로 125와 같은 수를 분해하는 가장 효율적인 방법은 판 하나(100), 막대 둘(20), 그리고 낱개(1) 다섯으로 나누는 것이다. [생각해보기 1.12]에서 스코트가 발견한 다섯 가지 방법에는 아래와 같은 것들이 포함될 수 있다.

- 막대(10) 12개와 낱개(1) 5개
- 판(100) 1개, 막대(10) 2개 그리고 낱개(1) 5개
- 낱개(1) 125개
- 판(100) 1개와 낱개(1) 25개
- 막대(10) 11개와 낱개(1) 15개

이 방법들 각각은 125=100+10+10+1+1+1+1+1 혹은 125=100+20+5처럼 기호와 더하기로 나타내어질 수 있다. 십진 블록을 사용한 물리적인 작업과 더하기나 등식을 형성하는 기호로 작업하는 것은 어린 아동들의 더하기 개념 발달에 도움을 줄 수 있다. 두 가지 작업 모두 전체와 부분의 관계를 보여준다. 이 경우 125는 전체이고 부분의 한 예는 100, 20, 5이다.

필수 이해 5c

숫자로 표기된 수의 값은 수 안에서의 자리와 위치에 달려 있다.

위치 혹은 자리는 각각 고유한 값을 갖는다. 예를 들어, 523에서 5는 백의 자리, 2는 십의 자리, 3은 일의 자리에 있다. 이러한 특징은 사용하기에 대단히 편리한 체계이다. 그러나 또한, 어린 학생들에게는 주요 장애물이기도 하다. 예를 들어, 어떤 아동들은 이십오와 같은 수를 쓸 때 병렬 원리를 사용하려고 한다. 그들은 20을 쓰고 그 오른쪽에 5를 써서 그 결과는 205와 같이 보인다.

각 자리의 단위는 오른쪽 옆에 있는 자리의 단위보다 열 배이고 그 왼쪽 옆에 있는 자리는 열 배의 큰 값을 가진다. 그리고 각 자리마다 오직 한 개의 숫자가 차지한다. 예를 들어, 십 혹은 거기에 일이 몇 개 더 더해진 수, 예를 들어, 12를 나타내려 한다고 가정해보라. 이 수를 십 자리에 1을, 그리고 일자리에 2를 놓아서 10 더하기 2로 생각할 수 있다. 이러한 방식으로 수를 쓸 때 사용하는 기호는 그 수의 특정한 분해에 해당한다. 이처럼 12는 10과 2로 생각되어질 수 있고 혹은 기호로 12=10+2로 나타내어질 수 있다.

기호 0은 자리를 지키는 역할을 하여 305, 35, 350과 같은 수들을 구별할 수 있게 도와준다. 0이 없으면 이 세 수는 모두 같은 숫자들(0이 아닌)을 같은 순서로 가질 것이다. 0은 때로는 아무것도 없음을 의미하기도 하며 여러 개의 숫자로 이루어진 수의 값을 이해하는 데에 도움을 주는 개념이기도 하다. 0은 십진법에서는 가장 중요한 숫자의 하나이다.

필수 이해 5d

다른 크기의 단위들은 고유한 자릿값을 갖는다.

자릿값은 다른 크기의 단위들을 우리가 동시에 다루고 있음을 암시한다. 많은 아동들은 십이나 일이 섞여 있을 때, 즉 열 개의 묶음과 낱개를 동시에 다룰 때 어려움을 겪는다(Kamii, 1986). [생각해보기 1.13]의 드미트리우스의 경우를 생각하여 보자.

생각해보기 1.13

드미트리우스는 수 세기를 할 수 있도록 70개의 칩을 받았다. 그는 이것들을 열 개씩 일곱 무더기로 놓았다. 그러나 칩을 몇 개 갖고 있느냐는 질문을 받자 "일곱"이라고 대답하였다. 드미트리우스는 무엇을 생각한 것일까?

1학년 학생들은 십 더하기 십은 이십이고, 이십 더하기 이십은 사십이라고 말할 수 있다. 그들은 또한, 전체와 부분을 성공적으로 다룰 수는 있으나 동시에 다룰 능력은 없다. 70과 같은 많은 양의 칩을 열씩 세라고 하면 어떤 아동들은 열씩 무더기를 만들 수 있다. 그러나 그들이 몇 개의 칩을 가지고 있느냐고 물어 보면 일곱 무더기를 가리키는 일곱 혹은 각 무더기의 칩수를 가리키는 십이라고 대답할 수도 있다(Kamii, 1986). [생각해보기 1.13]에서 드미트리우스는 열씩 무더기를 만드는 것이 칩의 단위를 낱개에서 열 개를 하나로 하는 단위로 변하게 했다고 가정했을 수 있다. 그러나 원래의 수 세기는 낱개의 칩을 한 단위로 하는 것에 근거하기로 되어 있었다.

열 개로 이루어진 묶음을 단위로 세고 나서 묶음의 개수가 아닌 전체 칩 수를 구하는 것이 가능하다. 이 방법을 사용하면 먼저 열을 세고 또 다른 열을 세어 스물이라고 한 다음 또 다른 열을 세어 서른이라고 하고 이렇게 계속하는 것이다. 혹은 열 개의 묶음을 만들고 묶음의 수를 셀 수도 있다. 수 세기가 지적으로 발달할수록 열 개의 묶음 열 개를 하나의 묶음으로 하여 백씩 셀 수도 있다. 이는 수 세기의 기본이 되는 단위를 사용하는 것의 중요한 응용이다.

자릿값을 이해하는 것은 두 자릿수의 알고리즘을 이해하는 데에 필요하다. 이러한 이해는 두 자릿수를 암산으로 계산함으로써 강화될 수 있다. 이는 또한, 알고리즘이나 계산 기법의 발달을 증진시킨다. 암산으로 더할 때, 예를 들어, 32에 12를 더할 때 대부분의 아동은 십의 자리부터 시작한다(Kamii, 1986, p.84). 카미(Kamii)는 대부분의 2학년 학생들은 두 자릿수와 세 자리수의 더하기를 아무것도 쓰지 않고도 할 수 있었다고 한다. 예를 들어, 266을 146에 더하기 위해 그들은

$200+100=300$

$60+40=100$

$300+100=400$ 그리고

$6+6=12$

그래서 답은 412라고 말할 것이다(Kamii 1986, p.85). 이러한 과정을 사용하는 것이 자릿값을 강조하고 있음에 주목하라.

결론

수를 이해하는 데는 단위, 자릿값, 일대일대응과 같은 몇 가지 주요 개념을 통합하는 것이 요구된다. 이 개념들이 핵심 아이디어와 필수 이해를 통하여 잘 엮어져서 교사들을 위한 수와 기수법에 대한 풍성한 이해를 제공한다. 아동들이 유아원 이전부터 초등학교 2학년까지 접하게 되는 단위와 분해 같은 아이디어들은 그들이 자릿값을 유창하게 사용하여 수에 대한

유연성과 계산에 능숙해지도록 발달하는 데 필요한 발판을 마련해 준다. 다음 장은 어린 학생들로 하여금 이 장에서 다룬 핵심 아이디어와 필수 이해를 유아원 이전부터 초등학교 2학년까지 수학의 다른 영역에서 경험하는 것과 그 이후 학년의 수학에서 경험하는 것에 연계시켜 준다.

제2장

선수 학습과 후속 학습의 연계성

수와 기수법의 기본적인 아이디어는 아동이 이해하고 있는 것들과 다른 것들(때로는 보다 미묘하거나 복잡한 주제들)을 연결하고 지원해 준다. 이 주제들은 덧셈, 뺄셈, 곱셈, 유리수, 초기 대수 그리고 발전적인 아이디어들을 포함한다. 2장은 1장에서의 핵심 아이디어들과 필수 이해들에 대해 교사가 연계시켜야 할 것들을 어떻게 보고 찾는 지 그 방법들을 강조하고 있다.

01 덧셈과 뺄셈

1장에서 다루었던 수와 기수법에 대한 핵심 아이디어와 필수적인 이해들은 수와 기수법이 유치원 이전부터 초등학교 2학년까지 학생들이 개발해야 하는 덧셈과 뺄셈 개념이나 관련된 계산 전략들과 어떻게 관련되는지를 볼 수 있도록 도와준다. 자연스런 방법으로 아동들은 덧셈과 뺄셈 문제를 풀기 위해 수 세기 전략이나 몇 단계를 통한 진보나 자신만의 보조에 맞춰 발견한 전략을 개발해 간다. 아동들은 처음에는 직접 모델을 먼저 쓰고 나서, 다음에는 수 세기 전략을 사용하며, 맨 나중에는 이미 알고 있는 사실을 사용한다. 아동들이 보다 효율적인 전략을 사용할 준비가 되어있는지의 여부는 수 세기의 다른 측면에 대한 이해와 그것들을 조직화하는 능력에 달려 있다. 다음의 예는 Kulm(1985)의 연구 요약을 적용한 것이다.

아동들은 2개와 3개의 합을 찾기 위해 각각을 나타내는 사물의 두 묶음을 합성하고 합쳐진 묶음에서의 대상의 개수를 세기도 한다. 그들이 세는 방법은 그들이 수를 이해하는 방법에 의존할 수 있다. 예를 들어, 한 아동는 3에서 시작하여 2개를 계속하여 세는 방법으로 쉽게 세는데, 이 방법은 모든 대상을 1부터 세는 방법보다 조금 더 복잡할 수 있다.

한 아동은 3과 2의 두 묶음에 대한 이어 세기 전략을 사용하여 마지막이 5가 될 때 전체가 5임을 생각할 수 있다. 어떤 묶음에 들어있는 것의 개수를 셀 때, 5를 세는 것은 3을 세기와 2를 세기를 포함한다. 이 예에서 우리는 수 세기 전략이 어떻게 순서와 위계적 포함 관계[7]라는 필수 이해 3d의 요소에 기초하는지를 볼 수 있다.

필수 이해 3d
수 세기 전략은 수들의 순서와 위계적 포함 관계에 기초한다.

뺄셈을 할 때 아동들이 7−3을 두 가지 다른 방법으로 생각할 수 있다. 한 가지 방법은 7과 3을 비교하여 몇 개가 더 필요한지를 결정하는 방법이다[그림 2.1]. 다른 방법은 7개에서 3개와 같아지기 위해 제거해야 하는 새로운 양을 결정하는 것이다[그림 2.2].

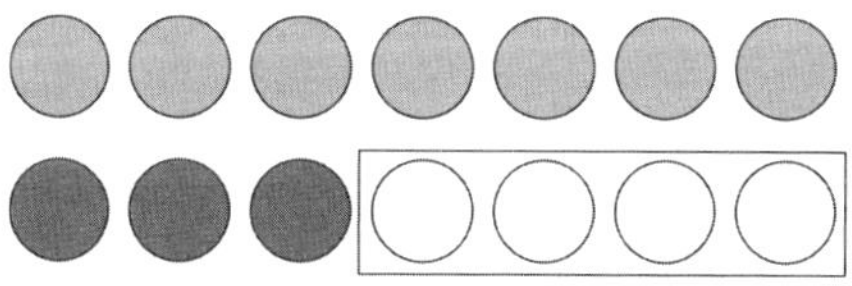

[그림 2.1] 7개를 만들기 위해 3개에다 몇 개가 더 필요한지를 나타내는 방법

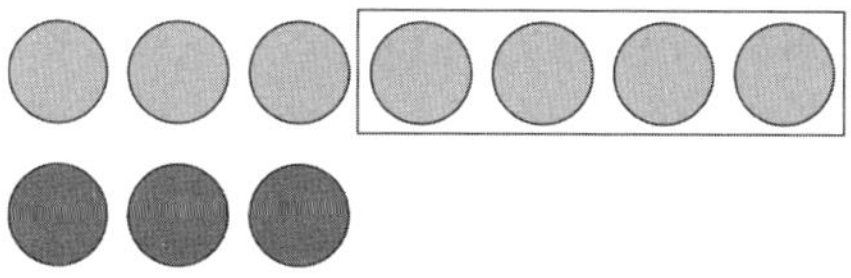

[그림 2.2] 7개로부터 제거해야 할 양을 나타내는 방법

아동들은 각 경우에서 서로 다른 수 세기 전략을 적용하려 할 것이다. 첫 번째 경우는 3(잠시 쉬었다가), 4, 5, 6, 7과 같이 3에서부터 7까지 세어서 모두 4개를 더 세었다고 하여 차는 4라고 말할 수 있다. 두 번째 경우는 7(잠시 쉬었다가), 6,

7) [역자 주] 순서는 첨가 상황에서, 위계적 포함 관계는 합병 상황에서 발생하는 전략이다.

5, 4, 3처럼 거꾸로 세어서 4개를 모두 세고는 차를 4라고 말할 수도 있다. 어느 경우든 차는 4이다. 이런 보기는 수사의 배열과 순서는 필수 이해 3a에서 표현한 것처럼 수 세기에 기초한 것이다.

> 필수 이해 3a
> 자연수에서 순서와 관련된 수사의 배열은 수 세기를 위한 기초로 사용될 수 있다.

그러나 아동들이 그 문제를 푸는 데 사용하는 방법은 효율성을 고려하는 것보다 때로는 문제의 맥락이라는 것을 알게 하는 것이 중요하다. 만약 아동이 문제해결의 한 부분으로 수식을 쓰고 있다면, 문제의 맥락과 그 문제를 해결하는 데 포함된 행위를 나타내는 것이지, 이런 유형의 문제에 통상적으로 관련되는 계산과 유사한 것은 아니다. 예를 들어, 아동에게 주어진 문제가 다음과 유사하다고 해보자.

> 존은 풍선껌 42개를 갖고 있고 켈리는 31개를 갖고 있다.
> 존은 켈리보다 몇 개나 더 많이 가지고 있는가?

어떤 아동은 이것을 빼기로 보아 42－31＝?로 쓸 것이다. 다른 아동은 덧셈으로 보아 31＋?＝42로 쓸 것이다. 후자의 경우에 아동은 그 문제를 해결하기 위해 다음 질문을 하면서 "보상"의 방법을 사용할 것이다. "31에다 얼마를 더하여 42가 될까?" 이 예는 필수 이해 2c에 포함된 것과 같은, 42를 두 부분(31과 미지의 것)으로 분해하는 것에 대해 생각하는 방법을 제공해 주며, 문제해결의 두 가지 방법으로 결과를 얻을 수 있게 해준다.

> 필수 이해 2c
> 수로 표현된 양은 부분－전체의 관계로 분해(또는 합성)될 수 있다.

수 세기 전략은 강력한 암산 기능의 발달을 뒷받침해 줄 수 있다. 예를 들어, 53＋21을 더하기 위해, 아동은 세기를 통해, 53(잠시 쉬었다가), 63, 73, 그리고 하나를 더 더하여 74에 도달할 수 있다. 이 경우에 아동은 21을 10＋10＋1로 생각하는 것이다. 유사하게 아동이 17＋19를 더하는 경우에 그 전략은 17에서 시작하여 3을 먼저 더하여 20을 만들고 나서 30까지 세고 난 다음, 남은 6을 더 세어 36을 만드는 것이다. 이 전략은 19를 세 부분, 즉 3, 10, 6으로 이루어져 있다고 생각할 수 있는 사고의 가치를 보여준다. 17에다 3을 더하는 것은 어림

수, 즉 0으로 끝나는 수(20)를 만드는 것이며 남은 수 10과 6으로 쉬운 덧셈을 하게 해준다.

02 곱셈

이후 학년에서 수 세기 전략은 뛰어 세기로 시작하는 곱셈과 관련지을 수 있다. 둘씩 세기의 일반적 전략은 뛰어 세기라는 보다 복잡한 발달을 유도할 수 있다. 이 전략은 어린 아동들에게 매우 쉽게 접근될 수 있는데, 그 이유는 짝을 이루어고 있는 개념(예를 들어, 신발이나 양말, Hirschi, 1970)과 유사하고 또 대상이 짝을 이루고 있는 수 세기의 다양한 전략이 가능하기 때문이다. 예를 들어, 4켤레의 양말은 둘씩 짝을 이루어 셀 수 있다. 즉, 두 개의 양말 또는 한 켤레는 수 세기의 한 단위를 이룬다. 그래서 둘씩 4켤레를 세어 2, 4, 6, 8로 모든 양말의 개수를 알 수 있게 해준다.

이 뛰어 세기 전략의 기본 형식은 단위와 그룹 짓기(필수 이해 2a)를 식별하는 것임을 반복해서 말해준다. 둘씩 세기는 하나씩 수 세기보다 다른 수(2, 4, 6, 8, …)를 외우면서 한 번에 두 대상씩 짝지은 그룹을 사용하는 데 포함된다. 이 경우에 수 세기의 단위는 2이며 그 단위는 수 세기 과정에서 반복된다. 뛰어 세기의 풍부함과 그것이 곱셈에 연결된다는 것을 이해하기 위해 수 세기의 다른 유형들이 보다 추상적인 방법에 사용될 수 있는지를 알 필요가 있다.

> **필수 이해 2a**
> 두 가지 또는 여러 가지 양들 사이의 관계를 나타내기 위한 수의 사용은 단위가 무엇인지에 달려 있다.

아동은 다른 수로, 예를 들어, 5씩(5, 10, 15, 20, 25, …)과 10씩(10, 20, 30, …) 뛰어 세기를 할 수 있다. 이 두 가지 경우에서 무두 아동들은 일정한 패턴을 일반화할 것이다. 예를 들어, 5씩 세기를 할 때 일의 자릿값은 0 또는 5만 갖는다는 것이다. 3에서 시작한다면 일의 자릿값은 3이거나 8이다. 만약 10씩 센다면 일의 자릿값은 항상 같다. 3에서 5씩 뛰어 세기는 학생들에게 위계적 포함 관계(필수 이해 3d)에 기초한다는

> **필수 이해 3d**
> 수 세기 전략은 순서와 수의 위계적 포함 관계에 기초한다.

것으로 관심을 끌게 한다.

뛰어 세기 기술은 곱셈과 나눗셈의 이해로 연결될 수 있다. 예를 들어, 5×3[8]처럼 곱하기에서, 아동들은 5, 10, 15 또는 5의 세 그룹으로 세어서 그 결과로 15를 얻는다. 15 나누기 5를 하기 위해, 아동들은 5, 10, 15(또는 5의 세 그룹)로 세어서 3이 결과(몫)라는 것을 얻는다.

아동들은 7, 17, 27, 37, …과 같이 배수가 아닌 수에서 시작하여 10씩 세는 것을 배울 수도 있다. 단위에 대한 명칭은 10씩 변하기와 같은 것이다. 이것은 수사 배열 패턴의 하나로 추상적인 수 개념에 기초를 제공해 준다(필수 이해 4a). 십씩 세기는 앞의 자릿값 단위를 10씩 묶음으로 새로운 자릿값 단위를 형성하는 데 기본이 되는 자릿값의 개념에 기초가 된다(필수 이해 5b). 이 뛰어 세기 패턴의 일반화는 수에서 각 숫자의 위치가 자릿값과 관련이 있다는 것과(필수 이해 5c), 더 나아가 자릿값에서 다른 크기의 단위의 고유한 역할과 관련된다(필수 이해 5d)는 것을 이해하고 있음을 보여준다.

> **필수 이해 4a**
> 수사 배열 패턴은 수의 추상적인 수 개념을 제공해 준다.

> **필수 이해 5b**
> 십진기수법 체계는 앞의 자릿값 단위를 10씩 묶음으로 새로운 자릿값 단위를 형성해 주며, 이 과정은 보다 큰 자릿값 단위를 얻는데도 반복된다.

> **필수 이해 5c**
> 숫자로 표기된 수의 값은 수 안에서의 자리와 위치에 달려 있다.

> **필수 이해 5d**
> 자릿값에서의 다른 크기의 단위는 고유하다.

03 유리수

초기 수 개념에 접근하는 방법은 1장에서 이산량의 비교, 연속량의 비교, 선택된 단위에 따른 각 종류(이상이든 연속이든)의 양의 비교 등과 같은 비교로 시작함을 암시해 준다. 일반적으로 이런 접근법은 자연수와 유리수를 연결시켜주는 자연스런 설정이다. 측정 가능하거나 셀 수 있는 물리적 대상의 특성으로서의 양을 이해(필수 이해 1b)함에 있어, 아동이 수 발달의 초기 단계를 거치는 과정에 대한 우리 연구에서 우리는 연속적이면서 이산적인 양에 초점을 맞추는 것이 얼마나 중요한지를 알 수 있다.

> **필수 이해 1b**
> 물리적인 대상들은 물질 자체가 양은 아니다. 모든 양적인 비교들은 대상의 특정한 속성이나 비교할 만한 자료들을 선택하는 것을 포함한다.

8) [역자 주] 곱하기는 표기가 우리식과 영어식이 서로 반대인 경우가 많다.

그런 접근법은 자연스러운 방법으로 기수법에서 이산량과 연속량 사이에 유사성이 있음을 볼 수 있게 해 준다. 종종 이른 나이에서의 강조점이 수 세기와 이산량에 배타적으로 집중할 때, 아동은 측정과 분수에 관련되는 개념을 자신의 방법으로 통합하는 데 어려움을 겪게 된다. 길이와 같은 연속량을 비교하면서 0으로부터 각 점까지의 길이를 각 점에다 자연수의 의미를 부여하면서 해당 단위만큼의 자연수로 표시함으로써 아동은 수직선의 유용성에 관한 명확한 아이디어를 형성할 수 있다. 그리하여 그들은 유리수의 발달을 포함하여 맥락의 다양성이라는 보다 의미 있는 방법으로 수직선을 사용할 수 있게 된다.

많은 경우에 주어진 양(예를 들어, 길이)을 주어진 단위(예를 들어, 인치)로 측정하는 것은 자연수 단위와 그보다 더 작은 단위를 요구할 수도 있다. 저학년에서, 자연수 단위 사용의 확장은 절반 단위의 사용인데, 이는 어린 아동들에 의해 사용되고 있는 반으로 나누는 자연스런 과정에서 일어난다. 단위를 주의 깊게 선택하는 것은 양의 비교를 가능하게 한다(필수 이해 2a). 단위를 가지고 다루기는 물리적으로 쉬운 방법(예를 들어, 종이 띠를 반으로 나누기)으로 아동들에게 "절반" 단위 모델을 허용하고 주어진 길이의 측정을 보다 가깝게 근사시키는 데 사용할 수 있다. 처음에는 아동들에게 자연수 단위와 절반 단위만 사용함으로써 주어진 길이에 근사시키도록 허용하는 것이 더 편리할 수 있다([그림 2.3] 참조).

필수 이해 2a
두 가지 또는 여러 가지 양들 사이의 관계를 나타내기 위한 수의 사용은 단위가 무엇인지에 달려 있다.

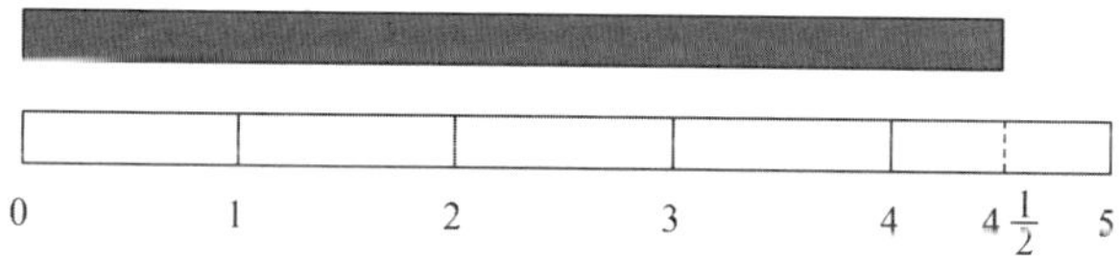

[그림 2.3] $4\frac{1}{2}$ 단위 길이의 직사각형

아동들(심지어 어린 아동들)은 수직선을 만들기 위해 퀴즈네르 막대와 같은 길이의 단위를 사용할 수 있다. 이런 활동이

어린 아동들에게 얼마나 가치 있는지를 이해하는 것은 의미 있는 수 세기가 단위와 측정에 어떻게 통합되는지를 아는 것이 요구된다. 이 두 가지는 모두 수직선의 완벽한 사용 발달을 이해하는 데 필수적이다. 가산기 테이프나 종이띠지를 활용하여 출발점 또는 0을 표시할 수 있다. 그러고 나서 특별한 퀴즈네르 막대 하나(진녹색 막대)를 0의 끝에 놓아둔다. 아동들은 그 끝을 표시하고 종이 띠의 길이가 끝날 때까지 그 단위를 반복할 수 있다. 이 일을 통해, 아동들은 자연수는 같은 길이를 갖는 단위들로 구성될 수 있다는 것을 이해할 수 있게 된다. 수직선을 구성하면서 길이 단위에 초점을 두는 것은 나중에 자로 연결시킬 수 있다.

투명한 테이프를 겹겹이 덧붙여 여러 단위로 단계적으로 세분된 자는 아동들에게 수직선의 개념을 유리수로 확장하는 것을 도울 수 있다. 아동은 자연수로만 표시된 자[그림 2.4]를 가지고 시작할 수 있다. 자의 끝 부분에 0을 표시할 필요 없이 재고 싶은데도 자의 끝으로부터 약간 떨어지게 0을 표시하는 것은 선분의 시작과 연관시킬 필요가 있음을 강조할 때 도움이 될 것이다.

이런 토론은 0과 주어진 수 사이의 길이 단위의 개수에 대한 그들의 관심에 초점을 맞출 수 있다.

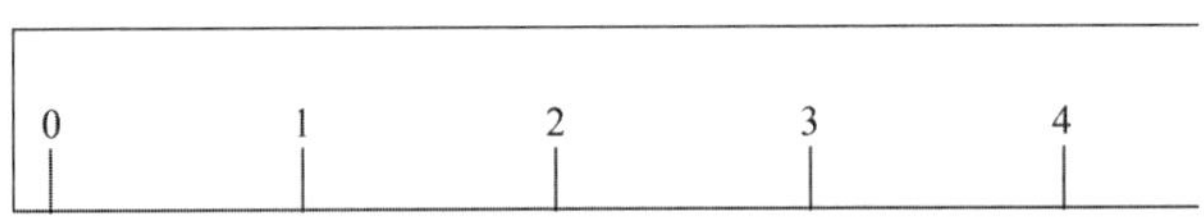

[그림 2.4] 자연수 단위로 표시된 자

다음 단계로서 아동들은 절반 단위에 대응하는 길이를 표시해 놓은 자를 사용할 수 있다. 길이 단위는 2개의 부분 단위로 세분되는데, 그것은 원래 단위의 길이의 절반에 해당한다. 절반 단위를 나타내는 표시가 자연수 단위를 나타내는 표시와 길이나 색을 다르게 표시하면[그림 2.]) 아동의 관심을 집중시키는 데 도움이 된다. 이 토론은 이런 표시로 생기는 새로운 작은 구간의 길이로 그들의 관심을 불러일으킬 수 있으며, 이런 경험은 양을 세거나 재기 위해서는 단위의 크기를 반복해야 하는 횟수가 얼마인지를 아는 것으로 이해를 성숙시켜 가는 데 기여한다(필수 이해 2b). 아동들은 1단위의 길이로 이루어진 종이 띠를 갖고 있으면서 그것을 접어 새로운 선분 둘의 길이와 비교할 수 있다.

필수 이해 2b
한 단위의 크기는 한 가지 양을 세거나 재기 위해 반복해야 하는 횟수를 결정한다.

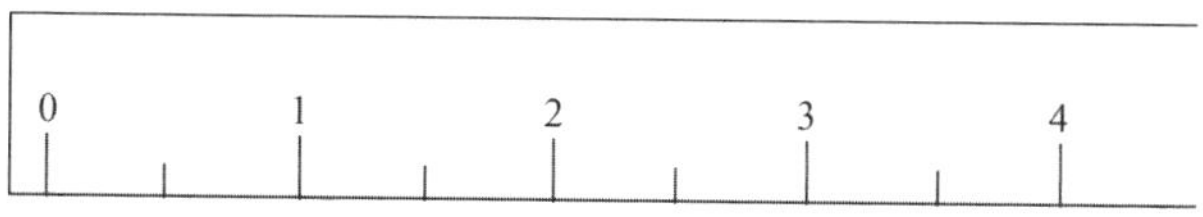

[그림 2.5] 절반 단위를 위해 짧거나 색이 있는 선 표시 추가

아동들은 $\frac{1}{2}$, $\frac{2}{2}$, $\frac{3}{2}$ 등과 같이 절반씩 셀 수도 있다([그림 2.6] 참조) 그들은 모든 자연수 단위를 먼저 센 다음에 절반 단위를 더하여 혼합된 수로 길이를 표현할 수도 있다. 그리하여 [그림 2.7]에서와 같이 0에서부터 시작하여 2와 3 사이에 있는 새로운 절반의 표시까지 선분의 개수를 $\frac{1}{2}$ 단위의 5개로 읽거나 2개의 1 단위와 하나의 $\frac{1}{2}$ 단위가 더 있다고 읽을 수도 있다. 이 활동에서, 학생들은 한 가지 단위의 선택에 기초한 부분-전체 관계로 양을 분해하고 합성시키는 적절한 형태로 참여한다(필수 이해 1e). 이런 작업은 단위의 크기가 한 가지 양을 세거나 재기 위해 반복해야 하는 횟수를 결정한다는 보다 복잡한 이해를 하는 데 도움이 된다(필수 이해 2b).

필수 이해 1e
두 양 사이에 존재하는 등가성은 한쪽이나 양쪽의 양이 부분으로 분해되고, 한쪽의 양이 더 큰 양을 이루기 위해 또 다른 양과 결합한다 해도 변하지 않는다.

필수 이해 2b
한 단위의 크기는 한 가지 양을 세거나 재기 위해 반복해야 하는 횟수를 결정한다.

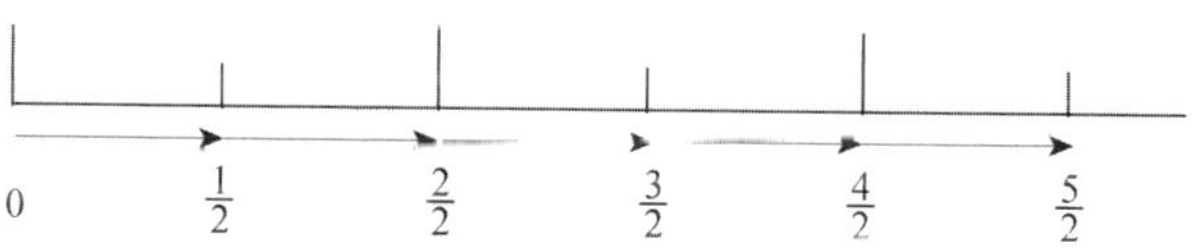

[그림 2.6] 5개의 $\frac{1}{2}$ 단위

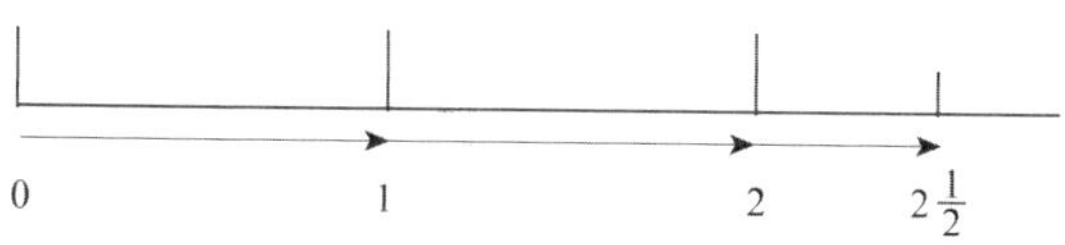

[그림 2.7] 2개의 전체 단위와 절반 단위 하나 더

아동들은 자연수로 나타내는 길이를 조작하는 것과 동일한 방법으로 분수로 나타내는 길이를 더하고 뺄 수 있다. 두 길이에 대한 수를 더하기 위해 하나의 길이를 0에서 시작하도록 놓고 두 번째 길이를 다른 것의 끝에서 시작하도록 놓음으로써 두 길이의 전체 합은 0에서부터 시작하여 두 번째 선분의 끝점까지의 길이에 대응한다는 것이다[그림 2.8]. 이것은 아동들이 자신들의 수직선을 구성할 때 단위 선분들을 서로 이어 붙여 대응하는 수를 표시함으로써 이 과정을 일반화한다.

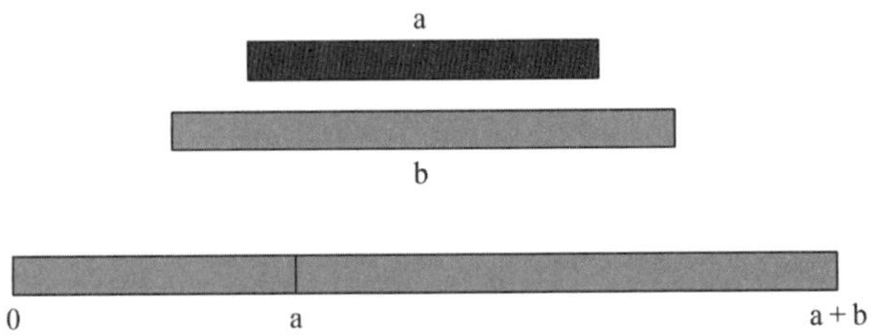

[그림 2.8] 선분끼리 합치기

04 초기 대수적 사고

필수 이해 1d
등식과 순서의 두 가지 중요한 성질은 보존성과 추이성이다.

수와 양의 등식이나 부등식에 대한 이해는 초기 대수적 사고를 위한 기초가 될 수 있다. 수들 사이의 등식은 3가지의 특별한 조건(반사, 대칭, 추이)을 만족시키는 동치 관계인데, 그 중 하나가 추이 관계이다(필수 이해 1d). 이 조건들이 때로는 명백하게 인식하기 쉽지 않지만 자연수의 맥락에서는 자명해 보인다. 첫 번째 조건은 반사 관계, 즉 모든 자연수 n에 대해 $n = n$이다. 두 번째 조건은 대칭 관계, 즉 두 수 a, b에 대해 $a = b$이면 $b = a$이다. 세 번째 조건이 추이 관계, 즉 임의의 a, b, c에 대하여 $a = b$, $b = c$이면 $a = c$이다. 등호가 동치 관계임을 강조함으로써 우리는 아동들의 관심을 자연수가 아닌 다른 수로 그 성질을 일반화할 수 있다는 초점을 둔다. 분수에 대해 이야기하면서 우리는 종종 $\frac{3}{4}$과 $\frac{6}{8}$이 동치라고 말한다.

분수에 대한 동치는 자연수에서의 등호와 3가지 모두 같은 성질을 갖는다.

게다가, $\frac{3}{4}$과 $\frac{6}{8}$이 동치라고 말하는 것은 몇 가지 암묵적인 가정을 포함한다. 핵심 아이디어 2에 따르면 단위는 측정이나 세기에 영향을 주기 때문에 수 세기를 할 때 단위를 고려하는 것은 중요하다. 마찬가지로 분수의 양을 비교할 때 양을 나타내기 위해 사용되는 단위는 중요하다.

Big idea

핵심 아이디어 2
단위의 선택은 양을 비교할 때 수의 사용을 가능하게 해 준다.

예를 들어, $\frac{3}{4}$과 $\frac{6}{8}$이 같은 양을 나타내기 위해서는 부분(또는 전체)이 같아야 한다. 만약 부분(또는 전체)이 다르다면 $\frac{3}{4}$과 $\frac{6}{8}$은 같은 물리적인 양을 표현할 수가 없다. [그림 2.9]에서 단위는 두 양의 동치성에 영향을 미치는 것이 분명하다.

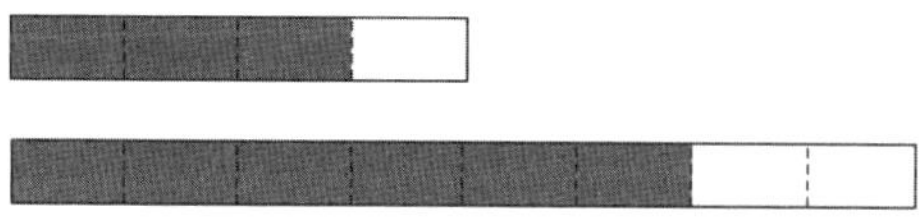

[그림 2.9] 서로 다른 단위는 $\frac{3}{4}$과 $\frac{6}{8}$을 다른 길이로 만든다.

단위에 대한 관념은 보다 높은 학년의 수준에 걸맞은 여러 가지를 포함하여 다양한 상황에 녹아 있다. 수직선을 만들고 적용하기 위해 단위를 사용하는 것은 데카르트 좌표 그래프를 이해하는 데도 필수적이다. 그래프를 그리는 데 사용되는 단위는 그래프적 표현을 해석하는 데도 영향을 미친다. 예를 들어, 자료를 표현하기 위해 큰 단위를 선택하는 것은 결과를 과장할 수 있다. 반대로 같은 자료를 표현하는 데 작은 단위를 사용하는 것은 적어도 시각적으로는 결과를 축소시킬 수 있다. 데카르트 좌표 그래프나 통계적 표현에 관한 의사결정에서 이런 그래프적 함의는 양에 비교되는 단위 선택의 역할로부터 발생한다.

이후의 학년 수준에서 학생들은 기울기를 해석하면서 다른 양(독립 변수)의 변화에 따라 한 양(종속 변수)의 변화가 어떻게 이루어지는지를 표현하는 데 사용하고는 한다. 각 양을 재거나 세기 위해 그래프적으로 그리고 수치적으로 단위에 주목하는 것은 의미 있는 방법으로 기울기를 이해하는 데 결정적 역할을 한다.

기울기에 대한 이해는 또한, 이산량과 연속량의 인식에 의해 영향을 받는다. 학생들이 이후 학년에서 기울기가 10인 일차 함수의 그래프를 그릴 때, 그들은 때때로 함수의 맥락에 관한 생각을 무시한다. 예를 들어, 그 함수가 10달러짜리 물건의 개수에 기초한 사업 매출을 나타낸다고 하면 자연수 이외의 양에서의 품목의 개수를 생각하려는 것은 비합리적일 수 있다.

05 결론

이 장은 유아원에서 초등학교 2학년까지 또는 그 이상의 수준에서 학생들이 경험하는 수학의 다른 영역들과 연결되는 수와 기수법에 관한 핵심 아이디어와 필수 이해를 탐색해왔다. 단위에 대한 이해는 학생들이 보다 미묘하거나 복잡한 수학적 사고를 개발시켜나갈 때 다양한 주제나 그들과 관련된 개념들에 폭넓게 관련이 된다.

제3장
도전 : 학습, 교수, 평가

초기 학년에서의 수학을 실제로 매우 단순하다고 생각하는 경우가 종종 있다. 사물의 개수를 세고 또 반복해서 세거나, 사물의 순서적 위치를 구분하기를 배우는 것에 대한 초점이 저학년 교육과정의 대부분을 차지하는 경향이 있다. 이런 기능은 분명히 수 발달의 한 부분이다. 하지만 교수학적 결정을 함에 있어서는 다른 기초적인 관점도 고려될 필요가 있다. 1장에서 제기한 핵심 아이디어와 필수 이해는 단위의 역할과 중요성을 강조하거나 양의 분해 및 결합하기나 수 세기 전략 등을 통해 아동의 수 감각을 장려하기 위한 풍부한 과제를 포함시킬 것을 지지한다.

사용하기 위한 과제의 유형이나 그와 관련된 질문의 유형을 결정하는 것은 수 개념을 한층 발달시켜 줄 수 있다. 3장에서는 수업이나 평가에서 사용될 수 있는 과제의 특성을 논의하고자 하는데, 우리가 수업에서 사용하는 과제에 대한 아동의 반응은 종종 학생들의 수에 대한 이해의 발달 정도를 암시해준다.

01 수 세기 능력 기르기

Big idea

핵심 아이디어 3
의미 있는 수 세기는 배열, 순서, 일대일대응, 순서, 기수 등과 같은 수와 집합의 다양한 면들을 통합시켜준다.

수 세기는 일상생활은 물론 수학에서 성공하기 위해서는 필수적이다. 핵심 아이디어 3에서도 언급했듯이, 의미 있는 수 세기는 기계적인 암기와 수사의 배열을 인용하는 과정이나 그런 활동보다 훨씬 풍부한 것을 포함한다.

1) 통합된 활동으로서의 수 세기

수 세기는 기수, 서수, 배열, 그리고 묶기 등과 같은 수의 여러 가지 다른 측면들을 함께 생각하도록 하는 데 중심적인 역할을 한다(필수 이해 3c). 아동이 수의 개념을 구성하는 것은 한 가지 측면보다는 여러 가지 다양한 측면의 통합에 기초한다. 아동들에게는 기수와 순서, 일대일대응과 기수와 같이 두 가지를 동시에 다루는 것은 때때로 어렵다. 오히려 그것들을 분리시켜 각각 따로 다루는 것이 더 효율적일 수도 있다. 예를 들어, Sophian(1992)은 3세 아동이 수 세기와 (집합을 비교하거나 동치의 집합을 구성하기를 통해) 그룹들 사이의 수치적 관계를 구분하는 것을 서로 연결시키지 못한다고 보고한다. 그들은 처음의 것과 일대일대응이 되는 다른 집합의 수를 추리할 때 이미 수 세기를 통해 얻은 집합에 대한 정보를 사용하지 않는다. 예를 들어, 한 어린 아동에게 여러 대의 세 발 자전거 위에 아동들이 한 명씩 앉아 있는 그림을 주고 세 발 자전거를 세어보라고 요구하면 그는 필요한 대답을 얻기 위해 1, 2, 3, 4 등이라고 셀 것이다. 이제 만약 그 자전거들 위에 앉아 있는 아동들을 세어보라고 한다면 그는 비록 각 자전거에 한 명씩 앉아 있는 것이 분명한데도 아동들을 다시 셀 것이다. Sophian에 따르면 $4\frac{1}{2}$세까지는 이러한 유형의 과제들에서 활동은 극적으로 향상될 것이지만 수업에서 이런 유형의 과제를 좀 더 많이 포함함으로써 능숙도를 향상될 수 있다고 한다.

많은 아동들이 1부터 10 또는 그 이상까지 수배열 세기를 외울 수 있는 능력을 갖고 학교에 들어간다. 하지만 그들은 물체의 한 묶음의 개수를 세어보라면 세지 못한다. 그들은 일대일대응의 아이디어가 발달되지 않았기에, 그에게 수 세기는 단지 암기하는 노력일 뿐이다. 1장에서 논의한 바에 따르면, 수 세기의 유형에는 서로 다른 유형들이 있었다. 예를 들면 암기, (개수로서의) 일대일대응, 순서 등과 같다. 아동들에게 어디에서 강한 이해의 발달이 일어나는지를 결정하기 위해 아동들이 수 세기의 어떠한 유형을 입증할 수 있거나 못하는지를 판단하는 것은 중요하다. 이 목표는 서로 다른 유형의 수 세기를 나타내는 과제를 제시함으로써 완성될 수 있다. [그림 1.3](가방과 신발 모둠을 세기)과 [그림 1.12](서로 다른 과일 종류의 모둠을 세기)에서 제시된 과제는 그 가능성을 어느 정도 설명해 준다.

2) 단위 사용하기

과제는 양을 셀 때 다른 단위를 사용하는 것을 지원해 주어야 한다. "집이 몇 채나 있는가?"라는 과제의 [그림 1.6]에서처럼 대상의 집합은 아동들에게 서로 다른 단위로 셀 수 있는 기회를 제공해 준다. 각 대상을 개별적으로 세는 것이 한 가지 과제이고, 다른 단위로 세는 것이 도전하기 과제이다. 이 두 번째 유형의 과제는 다른 단위로 세는 경험을 제공해 주며 단위에 도전하기의 효과를 보여준다. 이런 작업은 큰 단위를 사용한다면 작은 단위를 사용할 때보다 세는 횟수가 더 적어진다는 아이디어를 아동들이 이해하는지를 제공해준다.

필수 이해 2b
한 단위의 크기는 한 가지 양을 세거나 재기 위해 반복해야 하는 횟수를 결정한다.

단위를 이해하기는 어린 아동들이 그들의 공간에 대한 감각과 관련된 수에 대한 감각과 세기나 측정하기의 합리성을 발달시키는 데 도움이 된다. 한 양이 이산량이든 길이, 넓이, 부피 등과 같은 연속량이든 상관없이 아동들은 주어진 양이 필요로 하는 공간이 어느 정도인지에 대한 더 나은 아이디어를 쉽지 형성해 간다. 200개의 페니 동전을 한 손에 쥐기에는 너무나 개수가 많다. 자동차의 길이는 대략 5미터이다. 선생님의 책상 길이는 3피트이다.

아동들이 (인치와 같은) 연속적인 단위를 나무선 (동전과 같은) 이산적인 단위를 다루긴 개인별 참소물(또는 벤치마크)을 사용하는 것은 측정하기의 합리성을 결정하는 데 중요하다. 만일 어떤 아동이 200개의 페니는 자신의 손으로 잡을 수 없다고 말한다면 그는 그 사실을 어떻게 아는 걸까? 그가 사용하는 어떤 정보가 그런 생각을 지지해 주는 걸까? 학생들에게 그들의 반응을 어떻게 결정했는지를 물어보는 것은 그들이 사용한 참조물의 적절성에 관한 정보를 여러분이 얻을 수 있다.

마찬가지로 길이와 같이 연속량을 잴 때도 주어진 물체의 길이를 재기위해 특별한 단위를 사용하는 방법을 학생들에게 증명하도록 요구하면 같은 방식으로 많은 정보를 얻을 수 있다. 그들은 어떤 단위를 사용하기로 결정할 수 있을까? 그 단위는 그들이 측정하려고 하는 물체의 길이보다 큰 단위여야 할까? 왜 또는 왜 아닐까? 이러한 질문은 학생들에게 자신들의 추론을 말로 표현해 볼 수 있는 기회를 제공해주며, 당신에게는 그들이 생각하는 과정에 대해 보다 많은 정보를 제공해 준다.

아동들은 재거나 세기를 위해 단위가 세분화되지 않은 과제를 경험할 수도 있어야 한다. [그림 3.1]의 경우를 고려해보자. 두 넓이는 같을까? 이러한 경우를 직면했을 때 학생들은 그 넓이를 비교하는 수단을 결정하려고 할 것이다.

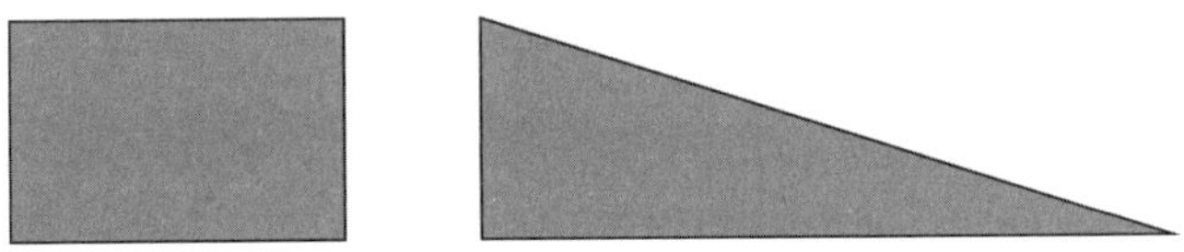

[그림 3.1] 어느 쪽 넓이가 더 클까?

학생들은 삼각형(넓이 W)을 조각들로 잘라서 직사각형(넓이 B)을 덮으려 하거나 직사각형(넓이 B)을 잘라서 삼각형(넓이 W)을 덮으려 할 것이다. 그들은 두 도형의 모양은 다르더라도 넓이가 같다는 것을 알게 된다. 유사한 과제는 두 개의 서로 다른 모양의 용기를 사용하여 부피를 비교하도록 하는 것이다. 한 가지 단위만 사용하여 양이나 수를 직접 비교하는 것을 허락하지 않는 과제는 학생들에게 특별히 분해와 합성에 관련된 보다 유연한 방법을 생각할 수 있도록 해 준다.

3) 수 세기 기능의 발달을 위한 도구의 사용

아동들은 그림에 고정되어 있는 것보다 움직일 수 있는 대상을 셀 때 수 세기와 개수를 보다 정확히 이해할 수 있다(Payne and Huinker, 1993). 움직일 수 있는 대상들은 보다 역동적이며 기수의 원리를 명확히 모델화할 수 있고 순서로부터도 독립적이다. 아동들은 물리적으로 옮겨 놓으면서 세어 본 대상을 보다 쉽게 기억한다. 매우 구체적인 방법으로 자신이 센 대상을 옮겨 놓는 물리적 행동은 자신이 세는 수사와 일대일대응으로 연결된다. 어린 아동들이 수를 말하거나 그것의 기호를 쓸 때 그들은 우리가 기대하는 것과는 다른 정신 이미지를 가지고 있을 수 있다. 그들이 생각하고 있는 것을 알아내기 위해서는 단어를 듣거나 식을 쳐다보는 것만으로는 충분하지가 않다. 두 아동이 "23"을 말할 때, 그 수사가 나타내어주는 이미지는 매우 다를 수 있다. 한 가지 경우로 개별적인 단위의 한 덩어리일 수도 있지만 그것은 20개의 한 그룹과 3개 더(10개씩 2개와 낱개 3개)일 수도 있다(그림 3.2 참조). 23을 2개의 그룹(즉, 10개로 이루어진 2개와 낱개 3개)으로 생각할 수 있는 아동은 하나의 덩어리로 생각하는 아동에 비해 훨씬 쉽게 암산할 수 있다. 34+23을 계산하고자 할 때, 첫 번째 아동은 10을 사용하는 전략으로 34에서 시작하여 44, 54 그리고 3개를 더하여 57을 얻는다. 이에 비해 23을 하나의 덩어리로 생각하는 아동은 훨씬 오랜 시간이 걸리며 실수를 연발할 수 있다.

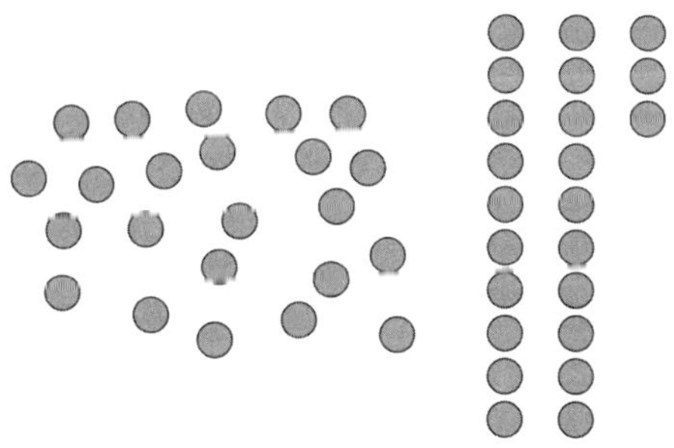

[그림 3.2] 23을 생각하는 두 가지 방법

1장에서 논의한 대로 수직선은 수 세기에도 매우 가치 있는 도구이다. 우리는 우리가 세어 본 것은 매우 쉽게 기억할 수 있는데, 수배열의 순서를 모델화하기 위해 보다 개념적으로 수직선을 사용할 수가 있다. 자, 온도계, 용수철 저울, 눈금 실린더는 실생활에서 수직선의 표상으로 역할을 할 수 있어서 길이, 부피, 무게 또는 다른 양들과 연결시킬 수 있다. 이러한 각각의 도구들은 개별적인 단위를 가지고 있고 이런 단위들의 연속은 수직선과 비교될 수 있다.

02 상징과 표현을 위한 기초로서의 수

수의 여러 가지 면에 대한 연결된 이해는 수학적 상징과 표현의 이해를 위한 기초로 활용될 수 있다. 우리가 양과 수를 표기하고 표현하는 방법은 동등한 표기, 수직선, 분수로 양을 나타내기와 같이 중요한 이슈에 대한 보다 나은 이해의 발달을 위한 기초로 활용될 수 있다.

1) 양이나 수를 나타내기 위해 십진블록이나 다른 교구들 사용하기

십진블록은 양이나 수를 나타내기 위해 사용될 수 있는 한 가지 조작 교구이다. 1장은 자릿값 개념을 발달을 지원하기 위한 수단으로 그것들의 사용을 논의했었다. 비록 이런 도구를 활용한 작업이 때로는 가장 단순한 형태(예를 들어 118을 나타낼 때 1개의 100판, 1개의 10막대, 8개의 낱개)로 양을 표현하는 데는 제한적이지만 다양한 해법을 갖는 질문을 함으로써 보다 강한 개념적 발달을 촉진하도록 사용하는 것이 가능하다. 학생들은 십진블록을 가지고 Scott이 <변화 1.12>에서 했던 것처럼 하나의 수를 표현하는 다양한 방법을 찾아보도록 하는 활동을 할 수가 있다. 예를 들어, 수 118을 나타내기 위해 십진블록이 몇 가지 방법으로 사용될 수 있을까? 어떤 학생은 118개의 낱개를 사용할 것이고 어떤 학생은 1개의 100판, 1개의 10막대, 8개의 낱개를 사용할 것이다. 하지만 또 다른 학생들은 11개의 10막대와 8개의 낱개를 사용할 수도 있을 것이다. 그런 학생들은 십진블록으로 표현된 각각에 해당하는 등식을 써 낼 것이다. 맨 마지막에 해당하는 경우 학생은 다음과 같이 쓸 것이다.

$$118 = 110 + 8$$

또는 11개의 10막대와 8개의 낱개로 생각한 경우에는 상징적 표현으로 다음과 같이 쓸 수도 있다.

$$118 = 10 + 10 + 10 + 10 + 10 + 10 + 10 + 10 + 10 + 10 + 10 + 8$$

각각의 등식은 양을 나타내는 부분과 전체의 관점을 지원해준다.

자릿값의 개념을 지원하기 위해 이 문제를 확장하려면 교사는 학생들에게 가장 적은 개수의 십진블록으로 나타내도록 요구할 필요가 있다. 어떤 표현이 가장 많은(또는 적은) 개수의 십진블록이 있어야 할까? 이러한 질문들은 우리 수 체계가 십진법을 사용하는 데 효율적이라는 것을 깨닫도록 안내한다.

게다가 표현의 의미는 이런 자연스런 과제를 수립하는 데 중요하다. 예를 들어, 한 아동이 18이라는 상징을 보여주고자 할 때 18개의 칩을 모두 보여줄 수도 있고 18에서 8을 나타내기 위해 8개의 칩만 사용할 수도 있는데, 이때는 18에서 1이 의미하는 바가 무엇인지를 분명히 이해했다고 볼 수는 없다(Burns, 1993). 사실 우리가 그 아동에게 18 중에서 1이 무엇을 뜻하는지를 보여 달라고 하면 그는 10개의 칩 대신에 1개만 보여주려 할 수도 있다. 이런 방식에서 그 과제에 대한 학생의 반응을 면밀히 관찰하지 않으면 실제로는 그렇지 않은데도 아동이 자릿값에 대한 이해를 보여주고 있다고 우리가 생각해 버릴 수도 있다.

2) 수치를 수직선에 대응시키기 위해 선분을 사용하기

수직선은 수의 개념을 이해하고 나타내는 데 아주 활동적인 도구이다. 1장에서 논의한 바와 같이 길이 단위는 수직선을 만드는 데 필수적이다. 아동들이 각각의 길이 단위가 하나의 단위를 나타내고 같은 단위가 반복되어 수직선을 이룬다는 것을 이해하는 것이 중요하다. 어린 아동들에게 나타나는 공통된 실수는 0에서 시작하는 "점들"을 세는 것이다.

수직선 도구를 사용하는 법을 보다 의미 있게 배우기 위해서는 1장에서 말한 것처럼 학생들은 서로 다른 길이 단위를 사용하여 그들 자신의 수직선을 만들 수 있다. 아동들이 그들의 수직선을 서로 비교하도록 허락하는 이 과정은 같은 단위를 사용하지 않으면 그 결과는 같아지지 않을 것이라는 것을 알게 하기 위한 것이다. 예를 들어, 어떤 아동은 연두색 퀴즈네르 막대(3단위)를 사용하여 하나의 수직선을 만들고, 또 다른 아동은 노란색 퀴즈네르 막대(5단위)를 사용하여 다른 수직선을 만들었다면, 0에서부터 어떤 특정한 수까지 수직선의 길이는 같아지지 않을 것이다. 그들이 표현해 본 것에 대한 이해 없이 수직선을 접하게 되면, 많은 아동들에게 수직선은 너무 추상적일 수 있다.

학생들은 수직선 위에 놓인 더미에서 칩의 개수로 그 양을 알려 달라고 요구할 것이다. 수직선은 단위 길이의 개수로 이루어지기 때문에 이런 종류의 과제는 어떤 아동에게는 한 가지 이슈를 나타낼 수 있다. 하지만 그들이 표현하고자 하는 양은 단지 그 모둠에 있는 대상의 개수를 나타내고자 한다. 개념적으로, 이 과제는 두 가지 서로 다른 양, 즉 (칩의 개수와 같은) 이산량과 (수직선에서 수들 사이의 거리인) 연속량의 유형을 비교하기 위해 나타낸다.

3) 분수로 표현된 양

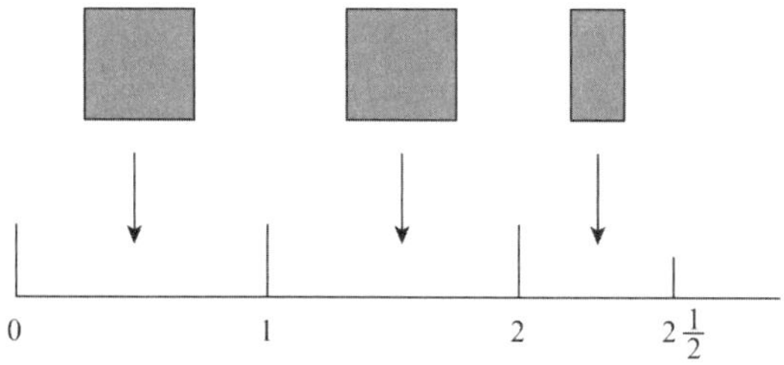

[그림 3.3] 단위와 단위의 부분에 맞는 간격 할당하기

수직선은 분수의 양을 표기하기 위해 사용될 수도 있다. 단위의 다른 유형을 나타내기 위한 동일한 활동이 여기서 제시된다. 예를 들어, 브라우니나 정사각형 종이를 이등분으로 나눌 수 있다. 양이 얼마든 간에, 그 양의 자연수 부분과 분수 부분이 수직선 위에서 전체와 부분으로 나타내어질 수 있다([그림 3.3] 참조).

단위의 분할(예를 들어, 단위의 반이나 그 단위의 반의 반)은 중요한 아이디어이다. 각각의 부분은 그 자체가 또 하나의 단위로 취급될 수 있다. 처음에 어린 아동에게는 원래 단위의 분수로서의 새로운 단위와 원래 그 자체의 단위가 이중적인 역할을 한다는 것을 조정해내기가 쉽지 않다.

분수는 전통적인 부호를 사용하지만 때때로 아동들은 비전통적인 방법으로 부호를 사용하는 올바른 아이디어를 갖고 있다. 아동의 표기법을 자세히 관찰하는 것은 우리 관점에 맞춰진 방식으로 단순히 해석하는 대신 아동들이 부호로 사용하는 의미가 무엇인지를 이해하는 데 도움이 된다.

예를 들어, 1학년 학생이 3개의 절반을 나타내고자 할 때 $3\frac{1}{2}$이라고 쓰는 것은 $\frac{1}{2}$이 3회 있다는 뜻이다. 부호에 대한 그 학생의 표기법은 우리가 대수적인 표현으로 $3a$라고 쓰는 방식과 기본적으로 일치한다. 하지만 그것은 분수를 나타내는 방법에는 맞지 않는다. 아동들에게 자신이 생각하는 것을 쓰도록 하거나 자신의 아이디어를 설명하도록 요구함으로써 우리는 그의 반응을 보다 정확히 이해할 수 있다.

03 개념적인 문제를 위한 기초로서의 수 이해

유아원 이전에서부터 초등학교 2학년까지, 아동들은 알고리즘의 발달을 포함하여 계산의 효율성을 이뤄가기 시작한다. 아동들은 수 세기 전략을 발달시켜감으로써 종종 그것이 형성해가는 직관적인 생각에 기초하든 않든 간에 덧셈을 하는 주어진 "규칙"에 당면한다.

처음에 더하기를 배울 때 아동들은 한 자릿수를 사용하여 덧셈을 알기 위해 계속 세기, 이어 세기 등의 전략을 사용하는 전통적인 방법으로 접근한다. 이 전략들은 위계적 포함 관계의 개념을 갖고 부분－전체의 관계를 강조하는 명시적인 수 세기 기법이다. 아동들에게 이 방법을 사용하여 두 자릿수의 덧셈 방법을 찾기 위한 다양한 방법을 설명해보도록 할 수 있다.

두 자릿수의 덧셈은 한 자릿수의 덧셈을 확장한다. 그러나 전통적인 교수법에 따르면 아동들은 자주 그들이 일의 자리에서부터 시작하여 왼쪽으로 "받아 올림"을 통해 계산을 한다고 말한다. 그러나 수에 대한 풍부한 경험을 한 아동은 보다 직관적인 접근법을 사용하려 할 것이다. 아동들이 통상적으로 개발하는 한 가지 전략은 십의 자릿값부터 더하면서 시작하는 것이다. 예를 들어, 27 ＋ 15 ＝?와 같은 문제를 풀 때 어떤 아동은 20과 10을 더하여 30을 만든 뒤 7과 5를 더하여 12를 만들고 이 둘을 더하여 42를 얻게 된다. 이 계산법은 자연스런 방법으로 수의 자릿값을 강조하게 된다.

앞의 보기에서 살펴본 왼쪽에서 오른쪽으로의 덧셈은 자릿값의 일관성을 유지한다. 이 방법은 "십 올리기"라기보다는 "일 올리기"라고 불리는 보다 전통적인 방법이다. 자릿값 개념은 아동들에게는 본능적으로 어려운데, 세로로 각 숫자들에 집중하게 하는 그런 알고리즘은 각 숫자의 자릿값을 강조하지 않는 경향이 있다. 아동들이 전체로서의 수를 바라보게 하기보다는, 수에서 숫자들을 분리하여 쳐다보게 함으로써 그 답의 합당함을 결정하는 능력을 덜 길러줄 수 있다. 교사는 학생들이 자신들이 생각하는 방식대로 두 수의 덧셈 과정을 써 내려감으로써 학생들을 도울 수 있다. 예를 들어, 학생들이 십의 자리부터 먼저 더하는 사실을 회상하면서 교사는 다음과 같이 쓸 수 있다.

```
   27
 + 15
 ----
   30
 + 12
 ----
   42
```

04 결론

이 장은 교수법과 평가의 두 가지 측면에서 지원할 수 있도록 과제의 특성에 초점을 맞추었다. 과제의 풍부함과 관련된 질문들은 수 개념에 대한 아동들의 이해를 향상시킬 수 있는 기회를 제공해 준다. 다양한 풀이법이 허용되는 과제를 제공하고 또 아동들의 사고를 확장하거나 면밀히 검토하는 질문을 던짐으로써, 여러분은 학생들의 실력 향상을 향한 진보를 가늠할 수 있고 또 보다 미묘하고 복잡한 사고를 장려하는 일을 지속하는 데 이 책을 사용할 수 있을 것이다.

참고문헌

Burns, Marilyn. *Mathematics: Assessing Understanding.* White Plains, N.Y.: Cuisenaire Company of America, 1993.

Bryant, Peter, and Hanka Kopytynska. "Spontaneous Measurement by Young Children." *Nature* 260 (April 1976): 773.

Cameron, Antonia, Sherrin B. Hersch, and Catherine Twomey Fosnot. *Taking Inventory Grades K–1: The Role of Context, Young Mathematicians at Work.* Portsmouth, N.H.: Heinemann, 2004.

Dougherty, Barbara. "Measure Up: A Quantitative View of Algebra for Young Children." Paper presented at the twenty-eighth conference of the International Group for the Psychology of Mathematics Education, Bergen, Norway, July 14–18, 2004.

———. "Measure Up: A Quantitative View of Early Algebra." In *Algebra in the Early Grades*, edited by James J. Kaput, David W. Carraher, and Maria L. Blanton, pp. 389–412. New York: Lawrence Erlbaum Associates, 2008.

Durkin, Kevin, Beatriz Shire, Roland Riem, Robert D. Crowther, and Derek R. Rutter. "The Social and Linguistic Context of Early Number Word Use." *British Journal of Developmental Psychology* 4 (November 1986): 269–88.

Freudenthal, Hans. *Mathematics as an Educational Task.* Dordrecht, The Netherlands: D. Reidel, 1973.

Hirschi, L. Edwin. *Building Mathematics Concepts in Grades Kindergarten through Eight.* Scranton, Pa.: International Textbook Company, 1970.

Hudson, Tom. "Correspondences and Numerical Differences between Sets." *Child Development* 54 (February 1983): 84–90.

Kamii, Constance. "Place Value: An Explanation of Its Difficulty and Educational Implications for the Primary Grades." *Journal of Research in Childhood Education* 1 (August 1986): 75–86.

Kasner, Edward, and James Newman. *Mathematics and the Imagination.* New York: Simon and Schuster, 1967.

Kulm, Gerald. *Learning to Add and Subtract: Learning Activities and Implications from Recent Cognitive Research.* Washington, D.C.: National Institute of Education, 1985.

Miller, Kevin F. "Measurement as a Tool for Thought: The Role of Measuring Procedures in Children's Understanding of Quantitative Invariance." *Developmental Psychology* 25 (July 1989), 589–600.

National Council of Teachers of Mathematics (NCTM). *Principles and Standards for School Mathematics.* Reston, Va.: NCTM, 2000.

———. *Curriculum Focal Points for Prekindergarten through Grade 8 Mathematics: A Quest for Coherence.* Reston, Va.: NCTM, 2006.

———. *Focus in High School Mathematics: Reasoning and Sense Making.* Reston, Va.: NCTM, 2009.

Payne, Joseph, and Dee Ann M. Huinker. "Early Number and Numeration." In *Research Ideas for the Classroom: Early Childhood Mathematics*, edited by Robert J. Jensen, pp. 43-71. New York: Macmillan, 1993.

Piaget, Jean. *The Child's Conception of Number.* New York: Norton, 1952.

———. *The Child's Conception of Number.* Translated by C. Gattegno and F. M. Hodgson. London: Routledge, 1997.

Sophian, Catherine. "Learning about Numbers: Lessons for Mathematics Education from Preschool Number Development." In *Pathways to Number: Children's Developing Numerical Abilities*, edited by Jacqueline Bideaud, Claire Meljac, and Jean-Paul Fischer, pp. 19–40. Hillsdale, N.J.: Lawrence Erlbaum Associates, 1992.

Vygotsky, Lev Semenovich. *Mind in Society: Development of Higher Psychological Processes.* Cambridge, Mass.: Harvard University Press, 1978.

Wagner, Sheldon H., and Joseph Walters. "A Longitudinal Analysis of Early Number Concepts: From Numbers to Number." In *Action and Thought*, edited by George E. Forman, pp. 137–61. New York: Academic Press, 1982.

박만구

- University of Georgia 대학원 수학교육학 박사
- 서울교육대학교 교수

김성옥

- UCLA, Ph.D. (수학)
- 한동대학교 교수

송상헌

- 서울대학교 수학교육학 박사
- 경인교육대학교 교수

수학교사를 위한 지침서 06

수와 기수법의 필수 이해

2017년 02월 10일 초판 인쇄
2017년 02월 15일 초판 발행

저 자 Barbara J. Dougherty, Alfinio Flores,
Everett Louis, Catherine Sophian
역 자 박만구 · 김성옥 · 송상헌 옮김
발행자 오판근
발행처 (주) 교 우

주 소 서울특별시 동대문구 약령시로 8 교우빌딩 2층
전 화 925-2861~2, 편집부 / 925-2825, 홈쇼핑 / 969-5762
팩 스 925-2860

E-mail kyowoo@kyowoo.co.kr
홈페이지 http://www.kyowoo.co.kr
북스토어(쇼핑몰) http://www.kyowoo.co.kr

등 록 1994. 3. 24 제1994-000013호

ISBN 979-11-251-0173-4(94410)
979-11-251-0167-3(세 트)
값 10,000원

© kyowoo Co., Ltd. 2017.

※ 이 책의 무단전재, 복제를 금합니다.